Rusudan Vashakidze

O efeito da pressão política sobre os meios de comunicação social da Geórgia e o caso Rustavi 2

Rusudan Vashakidze

O efeito da pressão política sobre os meios de comunicação social da Geórgia e o caso Rustavi 2

ScienciaScripts

Cover image: www.ingimage.com

This book is a translation from the original published under ISBN 978-620-2-30192-3.

Publisher:
Sciencia Scripts
is a trademark of
Dodo Books Indian Ocean Ltd. and OmniScriptum S.R.L publishing group

120 High Road, East Finchley, London, N2 9ED, United Kingdom
Str. Armeneasca 28/1, office 1, Chisinau MD-2012, Republic of Moldova, Europe
Managing Directors: Ieva Konstantinova, Victoria Ursu
info@omniscriptum.com

Printed at: see last page
ISBN: 978-620-8-51023-7

Índice

CAPÍTULO 1	3
CAPÍTULO 2	6
CAPÍTULO 3	21
CAPÍTULO 4	23
CAPÍTULO 5	27
CAPÍTULO 6	31
CAPÍTULO 7	33
CAPÍTULO 8	39
CAPÍTULO 9	41
CAPÍTULO 10	48
CAPÍTULO 11	52
CAPÍTULO 12	59
CAPÍTULO 13	62
CAPÍTULO 14	64
CAPÍTULO 15	70
CAPÍTULO 16	73

Resumo

Logo após as eleições parlamentares de 2012 na Geórgia, quando a nova equipa política chegou ao poder, deu início a uma campanha sistemática e consistente contra os meios de comunicação social livres, em especial contra a Rustavi 2 Broadcasting Company. O objetivo final desta campanha era alterar a política editorial da empresa e a sua influência enquanto principal meio de comunicação social do país, através da intimidação dos trabalhadores e da direção da empresa e da redução da sua independência financeira. Houve tentativas de desmoralizar os jornalistas e o pessoal. O diretor-geral da Rustavi 2, Nika Gvaramia, foi detido sob acusações absurdas e mantido em prisão preventiva durante vários dias. Os gabinetes dos quadros superiores da empresa foram objeto de vigilância vídeo e áudio.

Os instrumentos políticos utilizados pelas autoridades governamentais contra os meios de comunicação social independentes: 1. Restrições financeiras; 2. Perseguição legal; 3. Direitos de propriedade; 4. Ataques diretos aos gestores e jornalistas dos meios de comunicação social. O mesmo cenário de pressão política foi aplicado à segunda empresa de televisão crítica, a Maestro, em 2016.

O assassinato ou a marginalização dos meios de comunicação social independentes e da empresa de televisão Rustavi 2, especialmente no período que antecede as eleições parlamentares de 2016, prejudicará irremediavelmente as instituições democráticas vitais. A liberdade dos meios de comunicação social, a transparência e a realização de eleições livres e justas só podem concretizar-se num ambiente de pluralismo de opiniões, incluindo a possibilidade de avaliação crítica das acções do governo. Se o governo não mudar o rumo das suas acções e não conseguir atingir os meios de comunicação social livres, será muito difícil inverter o declínio da democracia na Geórgia. A defesa dos direitos dos meios de comunicação social independentes não tem a ver com o destino de uma empresa de comunicação social, nem sequer com o destino da liberdade dos meios de comunicação social, mas sim com o futuro da democracia na Geórgia.

Como pode a situação na Geórgia no que respeita à liberdade dos meios de comunicação social melhorar e que papel pode a comunidade internacional desempenhar neste processo? São estas as questões a que o trabalho tentará responder. Estas questões são especialmente importantes à luz da guerra híbrida da Rússia.

Palavras-chave: Rustavi 2, Guerra Híbrida, Meios de Comunicação Social Independentes, Transparência, Eleições, Pressão Política, Proprietários.

CAPÍTULO 1

Introdução

Os meios de comunicação social moldam as percepções do mundo político que as pessoas comuns e os líderes políticos têm. Estas atitudes tornam-se a base das crenças e acções políticas. Os meios de comunicação social são particularmente importantes em períodos de rápidas mudanças políticas, durante as eleições e em tempos de guerra e violência política. Os meios de comunicação social podem julgar, aprovar e criticar. Podem fazer ou desfazer carreiras políticas, até mesmo partidos, e a informação que os meios de comunicação social fornecem ajuda o público a formar atitudes, respostas e opiniões em relação a acontecimentos e actores políticos.

A política e os meios de comunicação social sempre se envolveram mutuamente, com os meios de comunicação social a estabelecerem ativamente o padrão para as políticas necessárias. Não se sabe qual deles influencia mais, mas há dois lados da história. O papel dos meios de comunicação social é manter o público em geral informado e atualizado sobre as notícias e os acontecimentos actuais na sua comunidade, no seu estado, no seu país e em todo o mundo. Na política, os meios de comunicação social podem ajudar ou prejudicar um político, mudando a opinião do público. Muitas pessoas dependem fortemente da televisão como fonte de informação, onde vêem ou ouvem falar de questões políticas e acontecimentos, porque a televisão, também na época dos meios de comunicação social, é uma das fontes mais dominantes de comunicação mundial e os noticiários noturnos são a fonte de informação mais vista pelo público.

A relação entre os meios de comunicação social e a política, as formas como os meios de comunicação social influenciam a nossa visão do mundo e, por conseguinte, também da política, alguns dos desafios e oportunidades que os meios de comunicação social contemporâneos colocam à política contemporânea e criam o discurso político. Os georgianos vêem televisão de manhã para receber as notícias do dia. Vêem-nas enquanto comem e vêem-nas antes de se deitarem. No entanto, em vez de actuarem como fornecedores imparciais de informação, os meios de comunicação social são frequentemente vistos como tendenciosos, servindo os interesses de um ou outro grupo político.

A Rustavi 2 Broadcasting Company tem uma longa história na Geórgia. A televisão desempenhou um papel importante na facilitação da Revolução das Rosas de 2003. Antes das eleições, a oposição tinha no canal de televisão independente Rustavi 2 um importante aliado mediático. Num clima geral de relativa liberdade dos meios de comunicação social, o canal tinha sido reconhecido como o mais profissional da Geórgia e tinha ganho uma popularidade generalizada em resultado de vários anos de críticas abertas e destemidas ao regime de Shevardnadze. O Rustavi 2 ficou associado de forma mais visível ao sentimento antigovernamental em julho de 2001, quando um popular pivot de notícias da televisão, Giorgi Sanaia, foi morto a tiro no seu apartamento. Um antigo funcionário do Ministério do Interior foi considerado culpado do seu assassínio. Muitos acreditaram que a justificação do crime por motivos pessoais, apresentada pela acusação, mascarava uma diretiva para eliminar Sanaia em resposta às reportagens do Rustavi2 sobre a corrupção no . A morte de Sanaia causou grande agitação e levou milhares de pessoas às ruas para o seu funeral.

Antes das eleições parlamentares, a Rustavi 2 colocou-se abertamente do lado da oposição (tornou-se uma tribuna da oposição), encorajou ativamente o público a participar e co-patrocinou sondagens de opinião pré-eleitorais. O envolvimento dos media nos processos políticos também se verificou nos anos seguintes. Durante a crise política de novembro de 2007, a Imedi TV ocupou um lugar central, chegando mesmo a ser encerrada pelas autoridades. O proprietário da Imedi estava envolvido no processo político e era a principal fonte de financiamento dos partidos da oposição. Mais recentemente, a Maestro TV de Tbilisi desempenhou um papel abertamente político, apelando aos seus telespectadores para participarem em manifestações contra o governo em abril de 2010. E os jornalistas do Canal Público de Radiodifusão foram obrigados a atravessar o "corredor da vergonha" organizado pelos partidos da oposição da Geórgia.

Atualmente, a popularidade da Rustavi 2 Broadcasting Company continua a ser muito elevada.

Instituto Nacional Democrático, Atitudes do público na Geórgia, resultados de um inquérito de junho de 2017 realizado para o NDI pelo CRRC Geórgia. A pesquisa realizada pelo Instituto Nacional Democrático com base em 2.500 pessoas mostra que 36% dos entrevistados afirmam que a Rustavi 2 é a rede mais fiável para fornecer fontes relativas à política externa, enquanto 28% nomeiam a Imedi TV e 3% a emissora pública. De acordo com a investigação do NDI, 34% dos entrevistados confiam na Rustavi 2 como a fonte de informação mais fiável no que respeita à política e aos acontecimentos em curso, o que constitui a taxa mais elevada em comparação com outros canais.

Pergunta: **Em que canais de televisão confia mais para obter informações precisas sobre política e assuntos actuais**?
Rustavi 2 tem o primeiro resultado, 34%;
TV Imedi - 32%;
GPB -3 %

Instituto Republicano Internacional (IRI),

Inquérito sobre a opinião pública na Geórgia, fevereiro-março de 2017

P: Em que estação de televisão da Geórgia confia mais para obter notícias e informações políticas? O primeiro resultado é Rustavi 2 - 64%

P: Em que programa de notícias televisivas confia mais?
Programa de televisão "Currier" da Rustavi 2 - 62%.

P: Qual é o programa de televisão a que assiste com mais frequência?
O primeiro resultado foi o programa de televisão "CHOICE" ("Archevani") da Rustavi 2 - 51%.

P: Se já ouviu falar do caso RUSTAVI 2, qual é a sua opinião sobre o mesmo? A maioria dos inquiridos respondeu que este caso tem motivações políticas - 54%

CAPÍTULO 2

Luta pela liberdade de imprensa após 2012, Processo Rustavi 2

Os georgianos são ávidos consumidores de notícias e debates políticos. O último inquérito representativo nacional revelou que 94% dos inquiridos têm como fonte de informação os programas de televisão, sendo o Rustavi 2 o primeiro canal de televisão. Se o governo não mudar o rumo das suas acções e não conseguir atingir os meios de comunicação social livres, será muito difícil inverter o declínio da democracia na Geórgia. A defesa dos direitos dos meios de comunicação social independentes não tem a ver com o destino de uma empresa de comunicação social, nem sequer com o destino da liberdade dos meios de comunicação social, mas sim com o futuro da democracia na Geórgia.

Por conseguinte, o envolvimento da comunidade internacional com o governo nesta questão será de importância crucial. Só se os dirigentes políticos compreenderem que a mudança de rumo é uma condição prévia para o êxito da Geórgia nas suas relações internacionais e, mais especificamente, para a sua integração bem sucedida nas estruturas euro-atlânticas, é que se poderá esperar que a sociedade seja capaz de manter não só o Rustavi 2, mas a independência dos meios de comunicação social em geral.

Na época da guerra híbrida, em que a propaganda russa está a aumentar, a importância dos meios de comunicação social livres é vasta e vital para a sociedade democrática na nossa região.

No entanto, como mostra o caso de Rustavi 2, continuam a existir questões por resolver, nomeadamente uma ligação estreita entre a política e a informação, com tentativas contínuas da primeira para subordinar a segunda aos seus interesses. Os aspectos turbulentos desta relação complicada são susceptíveis de pôr em perigo os muitos passos em frente dados pela liberdade de imprensa e de informação na Geórgia.

Logo após as eleições parlamentares de 2012 na Geórgia, quando a nova equipa política chegou ao poder, iniciou uma campanha sistemática e consistente contra os meios de comunicação social livres, em especial contra a Rustavi 2 Broadcasting Company. O objetivo final desta campanha era alterar a política editorial da empresa e a sua influência enquanto principal meio de comunicação social do país, através da intimidação dos trabalhadores e da direção da empresa e da redução da sua independência financeira. Houve tentativas de desmoralizar os jornalistas e a equipa.

Nika Gvaramia, diretor-geral da Rustavi 2, foi detido sob acusações absurdas e mantido em prisão preventiva durante vários dias. Os escritórios dos principais executivos da empresa foram objeto de vigilância vídeo e áudio. Os instrumentos políticos utilizados pelas autoridades governamentais contra os meios de comunicação social independentes: 1. Restrições financeiras; 2. perseguição legal; 3. direitos de propriedade; 4. ataques diretos a gestores e jornalistas dos meios de comunicação social; 4. trilhos controlados politicamente .

Como foi o passo que se ligou à tentativa de estrangular financeiramente a empresa:
1) O governo tentou substituir a empresa de medição das audiências televisivas TV MR Georgia para obter o controlo do mercado publicitário através de manipulações das audiências televisivas.
2) A lei da radiodifusão, que impõe restrições muito rigorosas ao tempo de antena da publicidade televisiva e ao patrocínio, foi adoptada com o único objetivo de restringir a independência financeira da única empresa de televisão financeiramente independente, a Rustavi 2.

Quando estas medidas não produziram os resultados desejados, o governo decidiu aplicar a medida mais radical - encerrar a estação de televisão independente através de um processo controlado politicamente. Em 5 de agosto de 2015, o Tribunal da cidade de Tbilisi ordenou o congelamento dos bens da Rustavi 2, bem como das acções dos seus proprietários, a pedido do Sr. Khibar

Khalvashi (antigo proprietário do Rustavi 2 em 2004-2006), que foi abertamente apoiado pelo anterior Primeiro-Ministro, Bidzina Ivanishvili.

Não há dúvida de que todo o caso é um processo gerido politicamente, o que é confirmado pela recente declaração do Primeiro-Ministro em exercício, Irakli Garibashvili, que apoia abertamente a restituição dos direitos de propriedade a Kibar Khalvashi. Tanto o antigo como o atual Primeiro-Ministro declararam, por diversas vezes, que a legitimidade das questões de propriedade suscitava dúvidas e manifestaram a sua expetativa de que a justiça fosse restabelecida nesta matéria.

As ligações de Kibar Khalvashi com o atual Governo são evidentes, uma vez que a sua irmã é membro da maioria parlamentar e Bidzina Ivanishvili declarou que apoia Khalvashi como proprietário legal de Rustavi2. As declarações de apoio ao chamado restabelecimento da justiça feitas por outros altos funcionários, incluindo o Ministro das Pessoas Deslocadas Internamente, Sozar Subari, o Presidente da Comissão Parlamentar dos Direitos Humanos, Eka Beselia, entre outros.

O governo está também a manipular o sistema judicial e a exercer pressão sobre o juiz, utilizando a possibilidade de acusar a sua mãe. Durante todo este tempo, o

Diretor-Geral de Rustavi 2, Nika Gvaramia, esteve sob constante pressão do governo, que o ameaçou ou tentou suborná-lo através do seu mensageiro. Em 22 de outubro de 2015, a pessoa que actuou como intermediário transmitiu a mensagem do Governo de que o tribunal iria emitir um veredito que daria a propriedade da empresa a Kibar Khalvashi. Este veredito seria proferido na sequência de uma decisão sobre a execução imediata da sentença. A mensagem do Governo continha uma ameaça relativa à segurança da sua família e uma ameaça do Governo de divulgar um vídeo da sua vida pessoal se ele se recusasse a "afastar-se" da estação de televisão.

Nika Gvaramia foi informado de que seria destruído como pessoa aos olhos dos seus colegas e do país. O Diretor Geral do Rustavi 2 decidiu vir a público porque acredita que a melhor forma de enfrentar a chantagem é falar sobre ela. Para além disso, está em jogo um valor muito mais importante do que o seu conforto pessoal - está em jogo o futuro do país e da sua democracia. Em 21 de outubro de 2015, algumas horas antes de outra audiência no tribunal sobre o caso Rustavi-2, o diretor-geral da Rustavi 2, Nika Gvaramia, fez uma declaração durante a sua reunião com os representantes do corpo diplomático e do sector das ONG sobre a alegada chantagem e vigilância ilegal contra ele. Esta ameaça é o segundo caso de chantagem e vigilância ilegal contra jornalistas nos últimos dois meses.

A declaração de Nika Gvaramia, diretor-geral da Rustavi-2, referia-se a acções que constituem claramente um crime. A ausência de uma reação credível e atempada levanta a suspeita de que o governo é indiferente em relação às pessoas que têm uma atitude crítica para com ele e ignora o seu dever de proteger os interesses legítimos dessas pessoas, aplicando a justiça de forma selectiva.

Na audiência de 28 de outubro de 2015, foi examinado um relatório sobre a avaliação das acções da Rustavi 2 TV em 2005-2006, incluindo o interrogatório de um perito que elaborou o relatório. Através deste relatório, que foi apresentado como elemento de prova pelo queixoso,

Khalvashi tenta demonstrar que o preço pelo qual teve de vender as suas acções era, de facto, muito inferior ao valor real dos activos; através deste elemento de prova, Khalvashi tenta provar que não teria vendido o organismo de radiodifusão pelo preço declarado sem ter sido pressionado a fazê-lo.

A avaliação, encomendada pelo queixoso, foi efectuada por um perito do Serviço Forense do Estado da Geórgia, Shota Ivanishvili, com base em dados financeiros inconclusivos fornecidos pelo queixoso. O perito disse ao tribunal que a avaliação foi feita através de uma abordagem baseada em activos, uma vez que era mais relevante para as condições de escassez de dados financeiros. O perito, que elaborou o relatório em setembro em menos de dois dias, disse também que não tinha verificado a autenticidade dos dados fornecidos, uma vez que tal não era da sua competência.

Após um interrogatório de quase três horas ao perito, os advogados que representam a Rustavi 2 TV e os seus actuais proprietários procuraram, em vão, excluir o relatório como prova inválida, uma vez que se baseava em dados financeiros duvidosos e inconclusivos; argumentaram também que o relatório não tinha sido elaborado com base nas normas internacionais de avaliação. A moção foi rejeitada. Paata Salia, um advogado que representa o queixoso, afirmou que os inquiridos não apresentaram argumentos para sustentar as suas alegações de que o relatório se baseava em dados financeiros falsos.

Poucas horas após a audiência, o diretor da Rustavi 2 TV, Nika Gvaramia, acusou o juiz Tamaz Urtmelidze de "nos privar do direito a um julgamento justo" e apelou aos telespectadores para que se reunissem na sede da emissora na quinta-feira "em defesa da liberdade dos meios de comunicação social". Afirmou que se esperava que o juiz decidisse a favor do queixoso e que ordenasse a execução imediata do veredito. Gvaramia afirmou ainda que a polícia de choque estava em alerta máximo, pronta para atacar a Rustavi 2 TV - alegação negada pelo Ministério do Interior como "totalmente falsa", com o objetivo de "enganar o público" e "aumentar a tensão".

Gvaramia fez o seu discurso na televisão poucas horas depois da audiência em tribunal sobre o litígio de propriedade da Rustavi 2 TV. Na audiência de 28 de outubro de 2016, foi examinado um relatório sobre a avaliação das acções da televisão Rustavi 2 em 2005-2006, incluindo o interrogatório de um perito que elaborou o relatório. Através deste relatório, que foi apresentado como elemento de prova pelo queixoso, Khalvashi tenta mostrar que o preço pelo qual teve de vender as suas acções era, de facto, muito inferior ao valor real dos activos. Khalvashi, que foi proprietário da Rustavi 2 entre 2004 e 2006, alega na sua ação judicial que foi coagido a vender o organismo de radiodifusão em 2006 pelos dirigentes do país na altura.

No seu discurso televisivo, apelando a uma manifestação, Gvaramia, que é um conhecido intelectual e advogado, que ocupou altos cargos governamentais no governo do antigo Presidente Mikheil Saakashvili, também disse aos telespectadores: "Não nos apoiem; ajudem-se a vocês próprios e ao futuro dos vossos filhos... O futuro do país será decidido nos próximos dias. Pedimos a contribuição de todos os cidadãos com sentido de responsabilidade, incluindo aqueles que, por várias razões, não gostam do Rustavi 2, porque o que está em causa não é o Rustavi 2, mas sim o futuro do país".

"O tribunal é surdo e cego para nós; não temos juiz; o nosso caso está a ser julgado por uma pessoa [contratada pelo governo], que será levada à justiça e responsabilizada por todos os seus actos", afirmou Gvaramia. Reiterou que "não obedeceremos" se o juiz der razão ao queixoso e se a decisão for acompanhada de uma ordem de execução imediata da decisão.

A emissora mais vista da Geórgia, a Rustavi 2 TV, que está envolvida numa batalha judicial por causa de um litígio de propriedade, declarou que a nova medida "orquestrada pelo governo" contra a estação está a cortar um investimento de 6 milhões de dólares necessário para manter as suas operações.

Um novo desenvolvimento na disputa em curso sobre a propriedade também envolveu a Agência Nacional de Registo Público (NAPR) do Ministério da Justiça numa controvérsia, depois de a agência ter sido acusada de estar envolvida numa alegada tentativa do governo de assumir o controlo da estação de televisão da oposição.

"Não se deixem enganar pelo que vêem agora no ecrã da televisão. O facto de estarmos agora a transmitir não significa que o governo não esteja a fazer tudo para acabar com as nossas emissões", disse o diretor-geral da Rustavi 2 TV, Nika Gvaramia, num discurso transmitido pela televisão, ao lado de dezenas de empregados da empresa, no exterior da sua sede em Tbilisi. "Hoje estamos mais perto do que nunca de cessar as emissões", afirmou. "Prometo ao governo que, antes de a Rustavi 2 TV ser encerrada, serão vocês [o governo] que serão encerrados", disse Gvaramia.

Proprietários da Rustavi 2: 91% das acções da Rustavi 2 TV, que atualmente obtém mais receitas de publicidade do que vários dos seus principais concorrentes juntos, são atualmente detidas, direta e indiretamente, por Levan Karamanishvili e Giorgi Karamanishvili. O restante pertence a Nino Nizharadze, que herdou 9% das acções do seu marido Gogi Gegeshidze, falecido em março de 2014. Levan Karamanishvili e Giorgi Karamanishvili, que se crê serem associados do ex-Presidente Mikheil Saakashvili, detêm diretamente 40% das acções da Rustavi 2 e 51% através de uma empresa denominada "TV Company Georgia"; tecnicamente, esta última é a principal acionista da Rustavi 2 TV.

Anteriormente, o advogado de Kibar Khalvashi anunciou que, a pedido do seu cliente e como medida cautelar adicional na disputa pela propriedade, o Tribunal da cidade de Tbilisi ordenou, em 30 de setembro de 2015, o congelamento dos activos da TV Company Georgia, o que proíbe os seus proprietários - Levan Karamanishvili e Giorgi Karamanishvili - de venderem as suas participações nesta empresa. O tribunal rejeitou o pedido de congelamento das contas bancárias da TV Company Georgia e de outros proprietários da Rustavi 2 TV.

O advogado de Khalvashi, Paata Salia, afirmou que a moção foi apresentada depois de o seu cliente ter tido conhecimento da intenção de Levan e Giorgi Karamanishvili de vender a TV Company Georgia a Dimitri Chikovani, cunhado de Davit Kezerashvili, que foi Ministro da Defesa da Geórgia no governo de Saakashvili. Durante alguns dias após as eleições de outubro de 2012, em que o UNM foi derrotado pela coligação governamental Georgian Dream, algumas das acções da Rustavi 2 TV foram detidas por Kezerashvili.

O acordo teria tornado a Chikovani proprietária de 51% da Rustavi 2 TV através da TV Company Georgia. Salia afirmou que este acordo teria complicado ainda mais o complexo litígio de propriedade e a tentativa do seu cliente de recuperar a Rustavi 2 TV. A Rustavi 2 TV confirmou que este acordo foi concluído com o objetivo de atrair um investimento de 6 milhões de dólares para assegurar o funcionamento do organismo de radiodifusão enquanto os seus activos estão congelados.

O diretor executivo da Rustavi 2 TV, Gvaramia, afirmou que, embora o organismo de radiodifusão seja auto-sustentado através das receitas publicitárias, o congelamento dos activos, que também cortou o acesso aos empréstimos bancários necessários para o seu bom funcionamento, fez com que os proprietários pensassem em "atrair investimentos" e decidissem vender a TV Company Georgia.

A Rustavi 2 TV registou mais de 21,5 milhões de GEL em receitas publicitárias no primeiro semestre de 2015, mais do dobro do seu principal concorrente, a Imedi TV.

Nos termos do acordo, o comprador pagava 400 000 USD pela TV Company Georgia e assumia igualmente o compromisso de "investir/atribuir fundos à" Rustavi 2. Um montante de 3 milhões de dólares americanos antes do final do ano e outros 3 milhões de dólares americanos até fevereiro de 2017, "se necessário", a pedido do organismo de radiodifusão. Mas este acordo ainda não foi formalmente concluído. Para que um contrato se torne válido, tem de ser registado pela Agência Nacional de Registo Público (ANRP) do Ministério da Justiça.

No entanto, a NAPR não registou o contrato, apresentado em 29 de setembro, alegando uma lacuna na redação do pedido de registo. Ao atrasar o processo, a agência ganhou tempo para que Khalvashi e os seus advogados apresentassem uma moção no Tribunal da cidade de Tbilisi para congelar os bens da TV Company Georgia, bloqueando efetivamente o negócio.

A Rustavi 2 TV e os seus advogados alegam que a NAPR atrasou o processo deliberadamente, sugerindo que os vários ramos das autoridades estão a atuar de forma concertada numa tentativa de se apoderarem da Rustavi 2 TV através da ação judicial infundada de Khalvashi. A NAPR negou a alegação, considerando-a "infundada".

O diretor executivo da Rustavi 2 TV, Gvaramia, também acusou o juiz do Tribunal da Cidade de Tbilisi, Tamaz Urtmelidze, que está a julgar a ação, de agir de acordo com as instruções do ex-PM Bidzina Ivanishvili, alegando que o juiz foi subornado pelo bilionário ex-PM. "O solo arderá sob os pés do juiz Urtmelidze", afirmou Gvaramia. "Num comunicado divulgado na quinta-feira, o Tribunal de Tbilisi condenou "os comentários que continham ameaças e pressões sobre o juiz".

O advogado de Khalvashi, Paata Salia, afirmou que a "histeria" de Gvaramia sobre a possível suspensão das emissões da Rustavi 2 TV tem por objetivo dar um "contexto político" ao litígio e exercer "pressão" sobre o poder judicial.

Declaração da redação da Rustavi 2 Television. A redação da Rustavi 2 TV divulgou a declaração em nome dos seus jornalistas, que afirmam que "se distanciam fortemente de qualquer cenário violento dos acontecimentos".

"A nossa política editorial não está relacionada com nenhum dos objectivos dos partidos políticos; o nosso objetivo é desempenhar funções jornalísticas, envolvendo uma cobertura justa dos acontecimentos no país. Qualquer ação violenta, independentemente de quem a cometa, é para nós absolutamente inaceitável. As autoridades assumirão toda a responsabilidade se as acções violentas não forem evitadas. Exigimos igualmente às autoridades que expliquem as origens, a legalidade da obtenção destas gravações e a forma como surgiram no espaço em linha ucraniano. Exigimos também uma explicação sobre o motivo pelo qual estas gravações não foram tornadas públicas imediatamente após terem sido recebidas em , uma vez que alegadamente contêm informações sobre possíveis riscos para a vida de cidadãos deste país. Declaramos que manteremos uma política editorial independente e gostaríamos de lembrar a todos que os microfones e as câmaras são os únicos meios à nossa disposição para defender a liberdade de expressão e a nossa liberdade. Apelamos à direção da empresa de radiodifusão para que não permita a entrada de pessoas não autorizadas, incluindo os nossos apoiantes, no território da empresa de televisão!"

O Tribunal de Recurso de Tbilissi confirmou, em 10 de junho de 2016, a decisão de um tribunal de primeira instância a favor de Kibar Khalvashi, que pretende recuperar as acções da Rustavi 2 TV, de que era proprietário há cerca de uma década.

Natalia Nazgaidze, que presidiu ao painel de três juízes, afirmou que a decisão pode ser objeto de recurso para o Supremo Tribunal no prazo de 21 dias após a entrega da fundamentação da decisão às partes.

A Rustavi 2 TV e muitos dos partidos da oposição afirmam que o processo judicial é uma tentativa das autoridades, e mais concretamente do ex-PM Bidzina Ivanishvili, que se considera ter ainda muita influência no governo, de silenciar a estação de televisão que critica as políticas do governo.

"Estávamos à espera desta decisão... Como dizíamos, o veredito foi redigido com antecedência", declarou um dos advogados da Rustavi 2 TV, Tamta Muradashvili, após a decisão ter sido proferida na sexta-feira de manhã.

Zaza Bibilashvili, um advogado que representa 91% dos acionistas da Rustavi 2 TV, os irmãos Giorgi e Levan Karamanishvili, afirmou que espera que o tribunal de última instância considere o recurso inadmissível e que, algures em agosto, se verifique uma tentativa de aquisição do canal de televisão. Segundo ele, esta data será escolhida deliberadamente para coincidir com o período de acalmia do verão, num esforço para diminuir a reação nacional e internacional a uma eventual tomada de controlo da estação de televisão da oposição antes das eleições legislativas de 8 de outubro.

O bilionário ex-PM Ivanishvili, que nega qualquer envolvimento no litígio sobre a propriedade da Rustavi 2, afirmou que gostaria que a atual gestão da Rustavi 2 se mantivesse até às futuras eleições parlamentares, uma vez que seria prejudicial para o país se o canal de televisão alterasse a sua política editorial durante o período eleitoral. Afirmou igualmente que, se a batalha jurídica sobre a propriedade da Rustavi 2 terminar antes das eleições, incluindo no tribunal de última instância, Khalvashi pedir-lhe-á que espere e não mude a direção da estação de televisão antes do final das eleições. Afirmou igualmente que pagaria a Khalvashi uma indemnização por eventuais perdas financeiras.

A Rustavi 2 TV e muitos dos partidos da oposição afirmam que o processo judicial é uma tentativa das autoridades, e mais concretamente do ex-PM Bidzina Ivanishvili, que se considera ter ainda muita influência no governo, de silenciar a estação de televisão que critica as políticas do governo.

Durante a audiência no tribunal de recurso, os advogados da Rustavi 2 e dos seus actuais proprietários solicitaram, por vezes e em vão, a recusa do painel de três juízes, acusando-o de ser favorável ao queixoso e de estar sob o controlo do governo.

Em 1 de junho de 2016, o diretor de Rustavi 2, Nika Gvaramia, que estava a dizer aos juízes que o veredito já estava escrito a favor do queixoso, acusou uma das três juízas que presidem ao processo, Natia Gujabidze, de "burla" e de gastar mal os fundos públicos. Afirmou que, há cerca de dois anos, o Estado, tal como previsto na lei quando um juiz é destacado para uma cidade onde não tem casa, estava a pagar o aluguer de um apartamento para a juíza Gujabidze em Tbilisi. Mas, segundo Gvaramia, a juíza estava, de facto, a viver na casa da sua mãe, que era beneficiária da taxa de arrendamento. Gvaramia afirmou que o Ministério Público tinha conhecimento deste alegado caso de despesas indevidas e estava a utilizá-lo como uma alavanca para exercer influência sobre Gujabidze, que é juiz desde 2005.

Foram estabelecidos paralelos com o juiz Urtmelidze, que estava a julgar o mesmo caso no Tribunal da cidade de Tbilisi no ano passado, e cuja mãe enfrentava acusações criminais relacionadas com um incidente doméstico. Na altura, a Rustavi 2 e os seus advogados afirmaram que estas acusações foram utilizadas pelas autoridades como uma alavanca contra o juiz para o pressionar.

Embora não tenha negado totalmente a questão da taxa de arrendamento da casa, o Conselho Superior de Justiça, o órgão que supervisiona o sistema judicial, rejeitou que tenha encontrado qualquer irregularidade nas acções da juíza Gujabidze. Na sessão do tribunal de 3 de junho, a juíza Gujabidze afirmou que as "falsas alegações" contra ela não terão qualquer influência na sua decisão sobre o caso.

Os advogados que representam a Rustavi 2 TV e os seus actuais proprietários tentaram apresentar uma moção de recusa da juíza Gujabidze, argumentando que, face a estas alegações, a sua objetividade estava comprometida.

A ação foi considerada inadmissível e foi rejeitada sem sequer ser discutida pelos juízes, que alegaram que a moção tinha como objetivo "arrastar" as audiências. Esta situação desencadeou uma reação furiosa dos advogados, que se transformou numa disputa verbal com os juízes, que começaram por multar três advogados e depois expulsaram da sala de audiências dois advogados, que representavam a Rustavi 2 TV, por "desrespeito" ao tribunal; as audiências, durante o resto das sessões, continuaram com a participação de três advogados, que representavam os proprietários da Rustavi 2, os irmãos Karamanishvili; dois desses advogados foram multados em 500 GEL cada um, em 7 de junho de 2016, por terem voltado a discutir com os juízes.

O Diretor-Geral da Rustavi 2, Nika Gvaramia, foi expulso da sala de audiências em 31 de maio de 2016 por "desrespeitar" o tribunal após ter entrado numa disputa verbal com os juízes e não foi autorizado a regressar para o resto das audiências. Foi igualmente obrigado a abandonar a sala de audiências pelo mesmo motivo quando o processo foi julgado no Tribunal da cidade de Tbilissi no ano passado.

À semelhança das audiências no tribunal de primeira instância, o processo de recurso também se centrou principalmente num dos elementos de prova fundamentais em que se baseia o processo do queixoso.

Na sua ação judicial, Khalvashi alega que foi coagido a vender o canal de televisão Rustavi 2 pelos dirigentes do país na altura, em 2006. O principal elemento de prova do queixoso inclui um relatório sobre a avaliação das acções da Rustavi 2 em 2005-2006, através do qual Khalvashi alega que o preço pelo qual teve de vender as suas acções era, de facto, muito inferior ao valor real dos activos. Com este elemento de prova, Khalvashi tenta provar que não teria vendido o organismo de radiodifusão pelo preço indicado sem ter sido pressionado a fazê-lo. A avaliação, encomendada pelo queixoso, foi efectuada por um perito do Serviço Forense do Estado da Geórgia, com base em dados financeiros inconclusivos fornecidos pelo queixoso.

Durante as audiências no tribunal de primeira instância, os advogados que representam a Rustavi 2 TV e os seus actuais acionistas tentaram em vão excluir o relatório como prova inválida por se basear em dados financeiros duvidosos e inconclusivos. No tribunal de recurso, continuaram a insistir nos mesmos argumentos, afirmando também que o relatório não tinha sido elaborado com base nas normas internacionais de avaliação.

Em 10 de junho de 2016, o Tribunal de Recurso anunciou a sua decisão de manter inalterado o veredito anterior do Tribunal da Cidade de Tbilisi, que determinou que 100% dos activos da Rustavi 2 são propriedade do antigo proprietário Kibar Khalvashi e da sua empresa Panorama.

O Presidente do Tribunal Constitucional, Giorgi Papuashvili, declarou que se registaram recentemente pressões específicas contra os juízes do Tribunal Constitucional. Afirmou que os juízes estão a ser vigiados e têm sido alvo de ameaças. A questão é particularmente grave, uma vez que o Tribunal Constitucional está atualmente a debater alguns casos de interesse público, entre os quais a propriedade da Rustavi 2 TV e o encarceramento do antigo Presidente da Câmara de Tbilisi, Gigi Ugulava.

O Presidente do Tribunal Constitucional, Papuashvili, declarou que "os juízes foram chantageados e informados de que as actividades comerciais dos seus familiares seriam visadas e que os seus familiares seriam detidos, por diferentes razões. Há também ameaças de expor informações falsificadas sobre a sua vida privada. As pressões são dirigidas a casos de interesse público e têm por objetivo alargar o processo de decisão dos juízes ou persuadi-los a tomar uma decisão de acordo com os interesses do governo."

Papuashvili disse que não iria revelar mais informações para proteger pormenores sensíveis e privados. O Presidente do Tribunal Constitucional decidiu pronunciar-se publicamente para evitar futuras chantagens contra os juízes: "Precisamos de manter estes factos alarmantes sob controlo para que o Tribunal Constitucional desenvolva o seu trabalho em condições normais e para que cada decisão seja baseada na lei e na consciência e não em ameaças ou pressões. A minha decisão é importante não só para o funcionamento eficaz do Tribunal Constitucional, mas também para o desenvolvimento democrático do país".

Papuashvili recusou-se a indicar se a pressão sobre os juízes estava relacionada individualmente com o processo Rustavi 2, mas disse que estava disposto a discutir o assunto diretamente com as autoridades. O Gabinete do Procurador-Geral convocou Papuashvili para obter informações pormenorizadas sobre as alegadas pressões exercidas sobre os juízes; afirmou que tomaria as medidas legais pertinentes se Papuashvili lhe fornecesse informações pormenorizadas.

No caso Rustavi 2, o Tribunal Constitucional aceitou duas queixas relativas a uma discussão. O juiz Merab Turava solicitou que a base da Rustavi 2 fosse discutida em plenário, o que pode fazer de acordo com as alterações recentemente aprovadas e controversas à lei. A direção da Rustavi 2 TV alega que Turava tentou alargar o processo de decisão. Dirigiram-se várias vezes ao tribunal avisando que a legitimidade das próximas eleições de outubro de 2016 dependia da decisão do tribunal.

Em novembro de 2015, a propósito do processo Rustavi 2, o Tribunal Constitucional suspendeu a aplicação das cláusulas do código de processo civil que permitiam a execução imediata das sentenças, para que a estação de televisão não fosse imediatamente tomada por uma nova administração quando perdesse um litígio de propriedade. Mais tarde, o tribunal suspendeu também as cláusulas que prevêem a transferência de poderes de gestão, representação e direção para gestores temporários de meios de comunicação social, como medida provisória para garantir a execução da decisão do tribunal. A Rustavi 2 e os partidos da oposição (Movimento Nacional Unido e Democratas Livres) encaram o litígio de propriedade como uma ação política, tendo em conta que o canal é crítico do governo do Sonho Georgiano. O diretor-geral da Rustavi 2, Nika Gvaramia, afirmou várias vezes que a Georgian Dream pretende adquirir a empresa.

Além disso, os debates foram desencadeados na sequência de alterações recentes à "lei orgânica" do Tribunal Constitucional, que suscitaram a objeção da Comissão de Veneza, dos partidos da oposição e da sociedade civil. O Partido Republicano, que na altura fazia parte da coligação "Georgian Dream", também se opôs às alterações. As alterações modificam o procedimento de nomeação dos juízes, limitam os seus mandatos, aumentam o quórum para a adoção de uma decisão e permitem que o plenário de juízes discuta um caso mesmo que apenas um dos juízes o considere necessário. A Comissão de Veneza considerou que o aumento do quórum é "excessivo" e recomendou a sua supressão. Os partidos da oposição e a Rustavi 2 argumentaram que as alterações foram motivadas para tentar influenciar a decisão sobre o processo da estação de televisão. O projeto de lei foi aprovado à pressa no Parlamento e votado apesar das grandes divergências.

Durante o ano passado, o Tribunal Constitucional esteve no centro de processos em curso e de grande visibilidade. A comunidade internacional, as representações diplomáticas e a sociedade civil têm instado continuamente o Tribunal a tomar decisões de acordo com a lei e não com vontades políticas.

O antigo Primeiro-Ministro Bidzina Ivanishvili: "Todos os caminhos vão dar a "Rustavi 2", não estou preparado para esta questão. Sei que o Parlamento escolhe um, que o mandato dos quatro está a expirar, que um é escolhido pelo Tribunal e dois pelo Presidente. De uma forma geral, o Parlamento ratificou as alterações ao Tribunal Constitucional que foram posteriormente vetadas pelo Presidente, a Comissão de Veneza envolveu-se e, no final, chegou-se a um acordo, o que é raro na vida política recente".

O Supremo Tribunal e o processo Rustavi 2. Um grupo de organizações não governamentais da Geórgia está a pedir ao Supremo Tribunal que analise o processo Rustavi 2. Numa declaração conjunta de 13 de junho de 2016, as ONG falam de uma possível influência política sobre o processo judicial e salientam que as audiências anteriores do tribunal reforçaram as dúvidas sobre a legitimidade dos procedimentos legais no processo Rustavi 2. Os signatários da declaração incluem a Transparência Internacional - Geórgia, a Sociedade Internacional para Eleições Justas e Democracia (ISFED), o Centro de Investigação de Política Económica (EPRC), a Agência de Desenvolvimento Civil (ACDI), o Conselho Atlântico da Geórgia e a Associação de Jovens Advogados da Geórgia (GYLA).

A declaração diz o seguinte: "Hoje, os representantes legais da Rustavi 2 recorreram da decisão do Tribunal de Recurso de Tbilissi para o Supremo Tribunal da Geórgia. Em resultado da audiência no tribunal de segunda instância, a decisão do Tribunal da cidade de Tbilisi que declara a propriedade de 100% das acções da empresa por Kibar Kalvashi não foi afetada.

O sector civil tem estado a observar intensamente os julgamentos em curso. Durante este período, fizemos várias declarações sobre as questões de todo o processo, incluindo a diminuição do tempo de recurso, bem como a decisão judicial infundada. As ONG referem que duvidam da legitimidade das audiências em tribunal.

Reforçam-se as dúvidas sobre a possível influência política sobre o poder judicial. Particularmente no período pré-eleitoral, esta série de acontecimentos em torno da televisão crítica, que pode causar uma mudança na sua política de edição, prejudica o ambiente pluralista dos media, bem como a qualidade da democracia no país.

Exortamos o Supremo Tribunal da Geórgia a analisar e a julgar o caso com a total proteção da legislação, a fim de excluir as questões relativas a eventuais interesses políticos no caso que estão presentes durante os julgamentos."

O Supremo Tribunal da Geórgia, o mais alto tribunal de recurso do país, decidiu, em 2 de março de 2017, a favor do antigo coproprietário da Rustavi 2 TV, o canal de televisão mais visto do país. Presidida pelo Presidente do Supremo Tribunal, Nino Gvenetadze, a Grande Câmara do Tribunal, composta por nove juízes, apreciou o processo sem audiência oral em 2 de março e emitiu a sua decisão no mesmo dia, concedendo os direitos de propriedade a Kibar Khalvashi.

Centenas de pessoas reuniram-se em frente à sede da Rustavi 2 para manifestar o seu apoio ao canal de televisão, poucos minutos após a decisão do Supremo Tribunal. Emitindo em direto a partir do estúdio e da sede da televisão, sem parar até tarde da noite, o Rustavi 2 apresentou um vasto leque de políticos da oposição e activistas cívicos, que afirmaram que a decisão do Supremo Tribunal tinha motivações políticas e prejudicaria a democracia georgiana.

A Embaixada dos Estados Unidos emitiu uma declaração no final da noite de 2 de março em que afirmava que os EUA "vêem com preocupação o impacto da decisão do Supremo Tribunal relativa a Rustavi 2, que poderá efetivamente limitar o acesso das vozes da oposição aos meios de comunicação social georgianos".

"Um ambiente mediático pluralista é essencial para o crescimento democrático da Geórgia e para as suas aspirações euro-atlânticas. Exortamos o governo da Geórgia a tomar medidas para garantir que o ambiente mediático permaneça livre, aberto e pluralista", afirmou ainda a Embaixada.

O Representante da OSCE para a Liberdade de Imprensa, Dunja Mijatovic, manifestou a sua "deceção" com a decisão do Supremo Tribunal.

"A decisão é dececionante e constitui um rude golpe para o pluralismo dos meios de comunicação social na Geórgia", declarou Dunja Mijatovic no seu twitter.

Em 3 de março de 2017, o **Tribunal Europeu dos Direitos do Homem** decidiu suspender temporariamente a execução da decisão do Supremo Tribunal de 2 de março, que concedeu os direitos de propriedade da Rustavi 2 TV, o canal de televisão mais visto da Geórgia, a , o seu antigo coproprietário.

Nika Gvaramia declarou um dia antes, imediatamente após a decisão do Supremo Tribunal, que os advogados de Rustavi 2 iriam solicitar uma medida provisória, o instrumento do Tribunal que permite suspender temporariamente as decisões finais dos tribunais nacionais.

A carta de duas páginas do TEDH, que descreve sucintamente a decisão do juiz, foi publicada no sítio Web Rustavi 2 logo após a conferência de imprensa de Gvaramia.

"No interesse das partes e no bom desenrolar do processo que lhe foi submetido, [o Tribunal decidiu] indicar ao Governo da Geórgia, ao abrigo do artigo 39.º, que a execução da decisão do Supremo Tribunal de 2 de março de 2017 deve ser suspensa e que as autoridades devem abster-se de interferir de qualquer forma com a política editorial da empresa requerente", refere a carta do TEDH.

A carta especificava que a medida provisória seria aplicada temporariamente, até 8 de março de 2017.

Indicou igualmente que o Tribunal decidiu dar prioridade ao pedido Rustavi 2 ao abrigo da regra 41, que determina a ordem pela qual os processos serão tratados pelo TEDH. No entanto, não especificou quando exatamente o Tribunal se reuniria para examinar o pedido Rustavi 2.

Nos termos do Regulamento do Tribunal de Justiça, as medidas provisórias são vinculativas e só são aplicadas em casos excepcionais. O Tribunal de Justiça só decreta uma medida provisória contra um Estado-Membro se, após ter examinado todas as informações pertinentes, considerar que o requerente corre um risco efetivo de sofrer um prejuízo grave e irreversível se a medida não for aplicada.

O Tribunal Europeu dos Direitos do Homem, sediado em Estrasburgo, pronuncia-se sobre pedidos individuais ou estatais que aleguem violações dos direitos civis e políticos previstos na Convenção Europeia dos Direitos do Homem.

A 7 de março, a Câmara de sete membros do Tribunal Europeu dos Direitos do Homem decidiu prolongar "até nova ordem" a suspensão da execução da decisão do Supremo Tribunal de 2 de março.

A 3 de março, o TEDH instruiu o Governo da Geórgia no sentido de suspender a execução da decisão do Supremo Tribunal, que concedeu os direitos de propriedade da Rustavi 2 TV ao seu antigo coproprietário, e de as autoridades se absterem de interferir na política editorial da empresa requerente.

"Informamos que, em 7 de março de 2017, uma câmara constituída a partir da secção à qual o processo foi atribuído decidiu, por unanimidade, confirmar, até

nova ordem, a medida provisória indicada pelo juiz em 3 de março de 2017", dizia a carta do TEDH.

CAPÍTULO 3

Cenário russo

O cenário do governo de assumir o controlo da Rustavi 2 TV é uma réplica do cenário que o Presidente Vladimir Putin utilizou durante os primeiros anos da sua presidência contra as estações de televisão russas.

O modelo de Bidzina Ivanishvili é Vladimir Putin e, por isso, tudo acontece aqui como na Rússia, tudo acabará aqui como na Rússia e o novo satélite da Rússia virá deste país.

A democracia deste país está a atravessar a sua crise mais profunda e, se a comunidade internacional não prestar atenção a este facto e se não se pronunciar em voz alta sobre ele, a Geórgia estará perdida para o espaço europeu e euro-atlântico.

É evidente que o governo está empenhado em garantir que a voz crítica da Rustavi 2 seja silenciada suficientemente cedo antes das eleições parlamentares de 8 de outubro de 2016. A Rustavi 2 continuará a utilizar todos os meios legais disponíveis para defender os seus direitos. No entanto, sem a pressão da comunidade internacional e da sociedade georgiana que apoiam a democracia na Geórgia, muito em breve poderemos deparar-nos com uma paisagem mediática dramaticamente alterada na Geórgia, onde o pluralismo de opinião e a responsabilização do governo pelas suas acções ou inacções serão escassos.

Devemos impor restrições aos meios de comunicação social russos na Geórgia?

A Transparência Internacional (TI) Geórgia organizou uma reunião entre a imprensa, o corpo diplomático acreditado na Geórgia e representantes de organizações internacionais. Os tópicos discutidos durante a reunião diziam respeito às recentes tendências controversas no ambiente mediático da Geórgia.

Eka Gigauri, Diretor Executivo da TI, sublinhou que algumas tendências desfavoráveis estavam a limitar as fontes de rendimento de alguns meios de comunicação social. Simultaneamente, o cancelamento de talk shows políticos pela Imedi TV e pelo Public Broadcaster levou a TI a convidar embaixadas e organizações internacionais para as sensibilizar para a situação atual.

A diretora da TI - uma das instituições cívicas mais influentes da Geórgia - declarou que surgiram algumas fontes de informação pró-russas nos meios de comunicação social da Geórgia e que esta tendência era muito alarmante. Gigauri anunciou que, em breve, a sua organização iria publicar um inquérito sobre os meios de comunicação social pró-russos, sublinhando que "é evidente que surgiram agências noticiosas pró-russas, em especial na imprensa escrita e na Internet, o que é uma tendência muito alarmante".

"É uma questão muito complicada lutar contra estes meios de comunicação social num Estado independente e democrático, uma vez que não podem ser encerrados diretamente", afirmou. Segundo Gigauri, devem ser utilizados meios alternativos contra os meios de comunicação social russos na Geórgia. Segundo Gigauri, alguns dos meios de comunicação social pró-russos são financiados pelo Estado, uma afirmação que, segundo ela, pode ser apoiada por provas.

As recentes actividades da Rússia na Geórgia e noutros países vizinhos representam a firme determinação do Governo de Putin em restaurar a esfera de influência soviética. O exemplo claro é a Ucrânia, onde o regime de Putin tem estado a travar uma guerra híbrida, que inclui, obviamente, uma guerra convencional e tropas russas no terreno.

Como muitos peritos internacionais observaram, a Rússia apercebeu-se de que os mecanismos de informação actuais contra países soberanos têm tanto poder como os tanques soviéticos. A Geórgia - um dos países-chave para que a Rússia possa dominar a região - está a ser instada a retirar-se do seu caminho ocidental pela Rússia e pelos seus apoiantes.

CAPÍTULO 4

A reação internacional

Os amigos estrangeiros da Geórgia uniram-se para manifestar a sua preocupação com este caso. Representantes da OSCE, da UE, da NATO e dos Estados Unidos têm acompanhado de perto o desenrolar da situação, sublinhando a importância de garantir a liberdade dos meios de comunicação social e o Estado de direito.

Em 3 de março de 2017, o Tribunal Europeu dos Direitos do Homem decidiu suspender temporariamente a execução da decisão do Supremo Tribunal de 2 de março, que concedeu os direitos de propriedade da Rustavi 2 TV, o canal de televisão mais visto da Geórgia, ao seu antigo coproprietário.

"No interesse das partes e no bom desenrolar do processo que lhe foi submetido, [o Tribunal decidiu] indicar ao Governo da Geórgia, ao abrigo do artigo 39.º, que a execução da decisão do Supremo Tribunal de 2 de março de 2017 deve ser suspensa e que as autoridades devem abster-se de interferir de qualquer forma com a política editorial da empresa requerente", refere a carta do TEDH.

Indicou igualmente que o Tribunal decidiu dar prioridade ao pedido Rustavi 2 ao abrigo da regra 41, que determina a ordem pela qual os processos serão tratados pelo TEDH. No entanto, não especificou a data exacta em que o Tribunal se reuniria para examinar o pedido Rustavi 2.

A 7 de março, a Câmara de sete membros do Tribunal Europeu dos Direitos do Homem decidiu prolongar "até nova ordem" a suspensão da execução da decisão do Supremo Tribunal de 2 de março.

"Informamos que, em 7 de março de 2017, uma secção constituída a partir da secção à qual o processo foi atribuído decidiu, por unanimidade, confirmar, até nova ordem, a medida provisória indicada pelo juiz em 3 de março de 2017", diz a carta do TEDH.

Declarações do porta-voz da UE:

"O veredito do Supremo Tribunal poderá ter um impacto na paisagem mediática do país, afectando a diversidade de pontos de vista à disposição dos cidadãos através dos canais de radiodifusão. Estamos confiantes de que as autoridades respeitarão a decisão do Tribunal Europeu dos Direitos do Homem. Olhando para o futuro, reiteramos que um empenhamento contínuo no pluralismo político e na liberdade dos meios de comunicação social é fundamental para a preservação e consolidação da democracia. Estamos confiantes de que o Governo da Geórgia tratará estes princípios como uma prioridade absoluta e os defenderá ativamente, correspondendo aos compromissos essenciais do Acordo de Associação UE-Geórgia."

A Embaixada dos EUA em Tbilisi afirmou que a decisão do tribunal "poderia efetivamente limitar o acesso das vozes da oposição aos meios de comunicação social georgianos". "Exortamos o Governo da Geórgia a tomar medidas para garantir que o ambiente dos meios de comunicação social permaneça livre, aberto e pluralista", afirmou a embaixada no dia 2 de março.

"A decisão é dececionante e constitui um rude golpe para o pluralismo dos meios de comunicação social na Geórgia", declarou no Twitter a representante da Organização para a Segurança e a Cooperação na Europa (OSCE) para a liberdade de imprensa, Dunja Mijatovic.

Mijatovic instou as autoridades georgianas a "garantir a independência e o pluralismo dos meios de comunicação social" na sequência do acórdão, segundo um comunicado. "A Rustavi-2 "deve continuar a gozar de total independência e a exercer a sua atividade profissional no interesse público", afirmou Mijatovic. "Eventuais tentativas de influenciar a política editorial da Rustavi-2 prejudicariam seriamente o ambiente pluralista dos meios de comunicação social".

Ian Kelly, Embaixador dos EUA na Geórgia: "Penso que todos sabem que, desde que aqui cheguei, tenho sido um defensor acérrimo do pluralismo dos meios de comunicação social, um verdadeiro defensor do direito dos meios de comunicação social a responsabilizarem o governo. A experiência mais intensa da minha vida foi entre 2009 e 2010, quando fui porta-voz do Departamento de Estado, e foi intensa porque a relação entre o governo e a imprensa, especialmente entre um porta-voz do governo e a imprensa, só pode ser descrita como uma relação antagónica. Mas também respeitei muito os jornalistas que vinham todos os dias ao briefing no Departamento de Estado, que me faziam suar, que me obrigavam a ser o mais honesto possível e o mais aberto possível. E fiquei realmente a compreender a importância dos meios de comunicação social para manter o governo responsável e a democracia, o que significa governar de acordo com a vontade do povo, manter a democracia forte e vibrante. E penso que não há nenhum objetivo do governo que seja mais importante do que proteger a liberdade e não há nenhuma instituição que seja mais importante para manter as liberdades fundamentais vivas e vibrantes do que os meios de comunicação independentes".

Rebecca Harms, Presidente da Delegação à Assembleia Parlamentar Euronest, falando sobre o caso Rustavi 2: "Estou profundamente preocupada com o acórdão da Grande Câmara do Supremo Tribunal da Geórgia, de 2 de março de 2017, sobre a atribuição da propriedade da televisão Rustavi 2. Esta decisão pode pôr em perigo o frágil equilíbrio do pluralismo dos media na Geórgia. Congratulo-me, por conseguinte, com a decisão do Tribunal Europeu dos Direitos do Homem, de 3 de março, de suspender temporariamente (até 8 de março) a execução do acórdão do Supremo Tribunal e de solicitar a sua aplicação integral. Aprecio a decisão do Governo da Geórgia de respeitar esta ordem de suspensão. O pluralismo e a liberdade de imprensa são essenciais para a democracia, o processo de reforma democrática da Geórgia e a sua aspiração pró-europeia. A fim de garantir o pluralismo e a independência dos meios de comunicação social, é fundamental assegurar a total transparência da propriedade e do financiamento dos meios de comunicação social. Os meios de comunicação social e a imprensa não devem ser controlados pelo governo ou por pessoas que lhe são próximas. As vozes da oposição devem continuar a ser ouvidas nos meios de comunicação social da Geórgia. "

Declaração conjunta da Embaixada dos EUA, da Delegação da UE e dos Chefes de Missão dos Estados-Membros da UE na Geórgia:

A Delegação da União Europeia, com o acordo dos Chefes de Missão dos Estados-Membros da UE na Geórgia e da Embaixada dos Estados Unidos da América, manifesta a sua preocupação relativamente à nomeação de uma nova direção para a empresa de televisão Rustavi 2. À luz da recente decisão provisória do Tribunal Constitucional e tendo em conta que a decisão substancial do tribunal de primeira instância no processo Rustavi 2 não prevê uma execução imediata, as medidas preventivas adoptadas em 5 de novembro levantam sérias questões sobre a independência do poder judicial e o grau real de liberdade dos meios de comunicação social na Geórgia. Tal como as nossas respectivas missões afirmaram publicamente em diversas ocasiões, a liberdade dos meios de comunicação social e a independência do poder judicial são alicerces essenciais de uma democracia e, nas sociedades democráticas, a diversidade de opiniões deve ser incentivada. Apelamos a todos os actores políticos para que se abstenham de qualquer medida ou declaração que possa impedir o poder judicial da Geórgia de se pronunciar desapaixonadamente sobre este caso. O Governo e as instituições judiciais devem defender os princípios da liberdade dos meios de comunicação social e do pluralismo político, que são parte integrante das aspirações declaradas da Geórgia. Continuaremos a acompanhar de perto a evolução da situação e a manifestar as nossas preocupações a todas as partes interessadas, se for caso disso."

O porta-voz do Departamento de Estado dos EUA, John Kirby, : (EN) O que posso dizer é que temos estado a observar atentamente as deliberações neste caso específico, o caso Rustavi. Continuaremos a acompanhar a evolução de qualquer processo de recurso no futuro, na sequência desta decisão inicial do tribunal da cidade de Tbilisi. Posso também dizer-vos que, reconhecendo o considerável interesse público neste caso, os Estados Unidos se congratulam com a calma e a contenção das reacções de todas as partes à decisão inicial. Como dissemos muitas vezes ao longo deste processo, a liberdade dos meios de comunicação social e a independência do poder judicial são alicerces essenciais de qualquer democracia e, em particular, continuam a ser fundamentais para o êxito da integração euro-atlântica da Geórgia. E, mais uma vez, este assunto foi discutido na sessão plenária de segunda-feira, e penso que podem esperar que continue a ser um tema que abordaremos repetidamente.

CAPÍTULO 5

Reação do Governo

O Presidente Giorgi Margvelashvili declarou: "Apelo ao juiz para que não tome uma decisão apressada e rígida que possa alimentar uma situação já tensa... A suspensão da atividade da empresa de radiodifusão Rustavi 2 prejudicará gravemente a democracia georgiana e a imagem internacional do país. A Rustavi 2 declarou abertamente que é um canal de televisão pró-ocidental, o que tem um certo contexto internacional e, por conseguinte, aumenta a sensibilidade do caso". O Presidente afirmou: "Não estou a comentar o litígio privado entre os proprietários. No entanto, quero dizer que o Rustavi 2 não é apenas um negócio como qualquer outro meio de comunicação social; representa uma parte importante da nossa vida político-social; é uma possibilidade de expressar opiniões críticas e opostas, o que em si é muito importante para uma sociedade democrática e para o futuro europeu da Geórgia". Os parceiros internacionais não vêem isto apenas como uma disputa legal, mas como um processo político que influencia a liberdade e o pluralismo dos meios de comunicação social", acrescentou.

Giorgi Kvirikashvili, Primeiro-Ministro da Geórgia, sobre o caso Rustavi 2**:** "Os processos estão a decorrer como habitualmente. Já o afirmámos anteriormente, trata-se de um litígio entre duas entidades privadas, e é assim que este processo vai continuar. Não devemos exagerar este processo de forma alguma. É claro que, da nossa parte, continuaremos a dar informações. De um modo geral, penso que esta questão foi exagerada desde o início. Pessoalmente, não lhe daria demasiada importância. Trata-se de uma disputa legal normal. As instituições do Estado estão a funcionar, a população confia plenamente nessas instituições e não há qualquer falha nisso"

Irakli Kobakhidze, Presidente do Parlamento da Geórgia, afirma que o Tribunal Europeu dos Direitos do Homem tomou a sua recente decisão sobre a empresa de televisão Rustavi 2 sob influência política externa. "Houve sinais específicos de que determinadas pessoas, incluindo o Presidente [da Geórgia], partidos políticos e outros indivíduos, estavam a tentar exercer influência política na decisão do Tribunal de Estrasburgo. Também enviaram cartas e, naturalmente, tratou-se de uma tentativa de exercer influência política e, obviamente, a decisão foi tomada sob essa influência. Isto não significa que a decisão tenha sido política, mas o objetivo era exercer influência política", afirmou em resposta à decisão do TEDH de suspender a aplicação do acórdão do Supremo Tribunal.

Thea Tsulukiani, Ministra da Justiça: "O nosso objetivo é mostrar ao Tribunal de

Estrasburgo que o nosso tribunal é independente, imparcial e que não se pode tocar na decisão tomada por este tribunal com um simples golpe de mão... Devemos explicar à sociedade [georgiana] que o Tribunal de Estrasburgo não é um tribunal de quarta instância e que, qualquer que seja a decisão final [do TEDH], não tem o direito nem pode alterar a decisão do Supremo Tribunal da Geórgia relativamente a Rustavi 2. O Tribunal de Estrasburgo só pode dizer se a liberdade de expressão foi ou não violada, mais nada. A decisão final do Tribunal de Estrasburgo não implicará a anulação da decisão do Supremo Tribunal".

A eurodeputada afirmou que: "O Tribunal de Estrasburgo é um tribunal de precedentes e, para violar precedentes e introduzir novos, é necessária a decisão legítima de 17 juízes, da Grande Secção. O precedente foi negligenciado pelo juiz de serviço e depois pela câmara composta por sete juízes, que tomaram uma decisão absolutamente sem precedentes. É esse o nosso principal argumento: não se podem alterar precedentes desta forma e não se pode utilizar uma decisão de suspensão num litígio de propriedade, ao qual o Tribunal de Estrasburgo tem vindo a recusar há várias décadas... Agora há uma tentativa de alterar o precedente e o nosso próximo litígio jurídico será acentuado por isso".

O vice-presidente do Parlamento, **Zviad Dzidziguri**, criticou as declarações do diretor-geral do Rustavi 2, que acusou o presidente do Supremo Tribunal de falta de colegialidade: "Infelizmente, Nika Gvaramia tornou-se diretor da televisão do partido. Agora tenho ouvido muitos ensinamentos e pregações sobre as funções de alguns e como se devem comportar", afirmou Zviad Dzidziguri. Disse ainda que não compreendia por que razão as acções de Nino Gventadze ou do Ministério Público eram criticadas.
A maioria parlamentar nega as acusações de que os membros do partido no poder pressionam os juízes do processo Rustavi2. Os membros da maioria comentaram as alegações de Nika Gvaramia.

Eka Beselia, Presidente da Comissão Parlamentar para as Questões Jurídicas, declarou: "Ninguém do Governo da Geórgia afirmou que a decisão do Tribunal Europeu dos Direitos do Homem não é obrigatória. A sua decisão é obrigatória para todos os membros do Conselho da Europa, e é por isso que damos grande atenção às suas decisões e ao processo de execução. Respeitamos igualmente a decisão tomada pela mais alta instância do nosso tribunal, que também é obrigatória. O conteúdo da decisão tomada a nível nacional não pode ser alterado por ninguém, e também respeitamos a decisão da CEDH. Se é temporária ou definitiva, veremos à medida que o processo for avançando".

O antigo Primeiro-Ministro Bidzina Ivanishvili, que foi frequentemente criticado por vários observadores locais e internacionais pelo seu governo informal, foi especialmente crítico em relação à Rustavi 2 TV. Ivanishvili manifestou várias vezes a esperança de que as regras do jogo tivessem mudado no mercado dos media. Ao anunciar um novo talk-show televisivo intitulado "2030", que será transmitido pelo GDS (Georgian Dream Studio), um canal de televisão sediado em Tbilisi e propriedade do seu filho Bera, Ivanishvili afirmou que o novo talk-show ajudará a sociedade a "ver corretamente os acontecimentos" num panorama mediático em que o partido UNM e a sua "máquina de propaganda e mentiras" Rustavi 2 TV continuam a marcar a agenda.

O deputado afirmou que "a máquina de propaganda da UNM, a Rustavi 2 TV, está infelizmente a dominar o espaço mediático; outros meios de comunicação social também a apoiam, tornando muito difícil para a população compreender o que se está a passar. Penso que este projeto e os programas diários do 2030 tornarão possível fornecer uma análise equilibrada e uma pronúncia correta, tão necessárias à sociedade... a população deve ter uma compreensão clara das eleições, de quem pode apoiar, etc. A análise dos meios de comunicação social desempenha um papel importante neste contexto. E este projeto (programa de TV 2030) visa apenas oferecer à população uma análise qualificada que a ajude a fazer uma boa escolha durante as eleições".

Kakha Kaladze, ministro da Energia e vice-primeiro-ministro, numa entrevista à Imedi TV, manifestou a esperança de que a Rustavi 2 TV fosse devolvida ao seu verdadeiro proprietário e, em 11 de maio de 2014, prometeu à população "pôr fim" à Rustavi 2 TV: "É muito mau que a Rustavi 2 TV continue a sua atividade vergonhosa de nove anos e a sua propaganda de sujidade. Deve ser extinta de uma vez por todas neste país e prometemos à população do nosso país que ela será definitivamente extinta".

Num contexto de numerosas declarações públicas do Governo contra a Rustavi 2 TV, era altamente previsível que fossem tomadas algumas medidas contra o canal de televisão. A entrada do Serviço de Receitas do Ministério das Finanças na TVMR GE, a única empresa de medição de audiências televisivas na Geórgia, no final de 2013, e a adoção acelerada de novos regulamentos em matéria de publicidade à Lei da Radiodifusão foram condenadas pela direção da Rustavi 2 TV como um ato dirigido contra o canal de televisão, tendo sido lançada uma tentativa de mercado relacionada com a disputa de propriedade contra o canal de televisão em agosto de 2015, um ano antes das eleições parlamentares.

Ucha Nanuashvili, Provedora de Justiça: "A Grande Secção do Supremo Tribunal da Geórgia analisou o processo Rustavi 2 sem audição oral e adoptou por unanimidade uma decisão final. Em consequência, Kibar Khalvashi foi declarado proprietário de

60% das acções da empresa de televisão, enquanto a Ltd Panorama, de que é proprietário, ficou com 40% das acções. Até à data, não existe qualquer decisão fundamentada. O tribunal dispõe de um prazo de um mês para a preparar. Só será possível efetuar uma avaliação jurídica depois de a decisão estar disponível. Entretanto, pode dizer-se que a revisão do processo sem audição oral no tribunal de cassação teve um impacto negativo na confiança do público no processo judicial.

O Defensor Público tem feito eco ativo das decisões tomadas pelo tribunal de primeira instância e pelo tribunal de recurso relativamente à apreensão dos bens da Rustavi 2, à nomeação de uma gestão temporária na empresa e à entrega da decisão do tribunal de recurso, durante a qual foram reveladas violações significativas da lei. Tudo isto cria a sensação de que a aplicação da decisão do tribunal pode pôr em perigo o ambiente diversificado dos meios de comunicação social no país, especialmente o funcionamento dos meios de comunicação social críticos. A liberdade de imprensa e a diversidade dos meios de comunicação social, base importante de um Estado democrático, foram as principais conquistas da Geórgia nos últimos anos. No entanto, os acontecimentos registados nos últimos meses, incluindo no organismo público de radiodifusão, podem pôr em perigo as conquistas alcançadas através da superação de muitas dificuldades.

CAPÍTULO 6

Reação das oposições

Movimento Nacional Unido: "As acções obviamente coordenadas dos ramos executivo e judicial do governo contra a Rustavi 2 TV ameaçam a existência [do organismo de radiodifusão], prejudicam enormemente o pluralismo dos meios de comunicação social e a liberdade de expressão e, consequentemente, a integração euro-atlântica do país."

"O Movimento para a Liberdade - Geórgia Europeia emitiu uma declaração oficial em que afirma que "a tomada de controlo da Rustavi2 marca uma escalada importante no retrocesso democrático da Geórgia. O Rustavi2 tem sido o único meio de comunicação social importante fora do controlo do Sonho Georgiano de Ivanishvili, que detém atualmente a maioria constitucional. O Sr. Ivanishvili prendeu os seus opositores políticos, processou partidos pró-ocidentais e apoiou actores abertamente pró-russos, entretendo-se ele próprio com elementos anti-ocidentais. A tomada de controlo da Rustavi2 anuncia uma concentração absoluta de poder nas mãos de uma só pessoa - um indivíduo não eleito, fora do quadro legal e sem qualquer responsabilidade."

Giga Bokeria, da European Georgia, afirmou que "o caso Rustavi 2 irá determinar o futuro rumo" da Geórgia e, por isso, o objetivo deve ser "manter a situação, quando o governo não consegue controlar totalmente o ambiente mediático".

Salome Samadashvili, deputada e uma das líderes do UNM, declarou "Aconselho o governo a refletir sobre o que significa, nesta situação, desligar a televisão em que o povo mais confia. Isso acabará muito mal para o governo, tanto dentro como fora do país".

Nino Goguadze, dos Democratas Livres, afirmou que o Supremo Tribunal "terá de decidir se o país mantém a liberdade de expressão, a perspetiva de avanço democrático e o principal valor da democracia - meios de comunicação social independentes".

Mamuka Katsitadze, da New Rights, "não é legal e tem motivações políticas, não tem expectativas positivas" em relação à audiência em tribunal. "Não se trata de um problema de um único meio de comunicação social, trata-se de um problema de liberdade de expressão e de independência judicial".

Mikheil Saakashvili, antigo Presidente da Geórgia, publicou no Facebook "Os jovens intelectuais vermelhos e todos os conformistas decidiram que o caso Rustavi 2 estava encerrado e que o principal era amaldiçoar o criador do Estado georgiano, mas o grupo de patriotas não desistiu e obteve resultados. Os idealistas lutadores alcançarão também a vitória final! Estou a fazer um brinde a Rustavi 2 e à Geórgia".

Zurab Japaridze, do Novo Centro Político "GIRCHI", manifesta a sua solidariedade para com Rustavi2: "É muito importante reunir aqui muitas pessoas. Os meios de comunicação social livres e a liberdade de expressão estão a ser rapidamente atacados.
Se o Rustavi2 tiver problemas, todos os meios de comunicação social livres terão problemas no período pré-eleitoral. Não se trata de uma disputa privada, trata-se de uma disputa pelo futuro do país. O país não tem futuro sem meios de comunicação social críticos", afirmou Zurab Japaridze.

CAPÍTULO 7

Reacções das ONG e da sociedade civil

Membros da Coligação para a Defesa dos Meios de Comunicação Social (Associação de Jovens Advogados da Geórgia (GYLA); Carta Georgiana de Ética Jornalística; Instituto para o Desenvolvimento da Liberdade de Informação (IDFI), Fundação Open Society Georgia, Rede Regional de Radiodifusão, Associação Regional de Meios de Comunicação Social, Associação Georgiana de Radiodifusores Regionais (GARB), Clube dos Meios de Comunicação Social, ONG "Sociedade Civil", Fundação Levan Mikeladze; Fundo de Apoio aos Meios de Comunicação Social, Instituto de Desenvolvimento Cívico):

A Coligação para a Defesa dos Meios de Comunicação Social divulga uma declaração em resposta ao veredito confirmado pelo Tribunal de Recurso de Tbilisi no processo Rustavi 2, em 10 de junho de 2016. O objetivo da declaração não é avaliar as questões jurídicas específicas relativas ao conteúdo da decisão: "Comentámos repetidamente o processo de revisão e afirmámos que havia uma série de pormenores que suscitavam dúvidas legítimas quanto à politização do processo. Gostaríamos de voltar a sublinhar a importância desta questão. Na sequência da desconfiança existente em relação ao processo judicial, a solução tomada nos meios de comunicação social mais influentes pode não só afetar negativamente os meios de comunicação social e o ambiente pré-eleitoral, mas também violar o processo legislativo. "

Afirmaram: "O Supremo Tribunal pode restabelecer a confiança no processo através da revisão do processo Rustavi 2. No caso dos tribunais inferiores, verificou-se uma série de circunstâncias que suscitaram dúvidas legítimas quanto à imparcialidade do tribunal. Por conseguinte, o Supremo Tribunal deve envidar todos os esforços para garantir o pleno respeito do direito a um julgamento justo."

Zaza Khatiashvili, presidente da Ordem dos Advogados da Geórgia, "A liberdade de expressão está a ser oprimida atualmente, é um processo muito mau e vergonhoso, conduzido pelo governo de Ivanishvili contra Rustavi2. Este processo é totalmente politizado e não se prende com o processo legal. O governo de Shevardnadze mudou depois da intrusão na Rustavi2, o governo de Saakashvili - depois da intrusão na TV Imedi, agora este governo comete o mesmo erro", disse Khatiasgvili.

Eka Gigauri, Transparência Internacional - Geórgia: "Todo o processo deve ser considerado no contexto geral, porque não se trata apenas de uma sessão judicial de hoje ou de ontem. Estamos a falar de um processo que começou depois de o Sonho Georgiano ter chegado ao poder. Todas as questões serão discutidas e avaliadas, quando avaliarmos o julgamento, que durou vários meses. O caso Rustavi 2 deve ser considerado no contexto geral. Há um interesse político por detrás deste litígio".

Ana Natsvlishvili, presidente da Associação de Jovens Advogados da Geórgia, afirma que o anúncio feito pelo Supremo Tribunal em 6 de março levanta questões, porque as partes não tinham qualquer informação sobre a composição até ao final de fevereiro. "É importante ouvir as explicações do Supremo Tribunal, porque as próprias partes não sabiam nada sobre a composição durante muito tempo. Havia muitas perguntas sem resposta sobre esta questão. É importante porque ambas as partes pretendiam recusar alguns juízes e o Supremo Tribunal é obrigado a dar explicações públicas".

Nino Lomjaria, Diretor da Sociedade Internacional para Eleições Justas e Democracia em 2012-2016: "O Rustavi 2 é um canal de televisão de grande audiência, que é crítico em relação ao governo, e o governo tem manifestado repetidamente as suas reivindicações em relação à política editorial do canal".

Elene Khoshtaria, GRASS (2012-2016): "Com base nas acções ilegais e violentas do governo, seria difícil prever o que irá acontecer hoje. Este processo depende, por um lado, da crueldade do nosso governo e, por outro, do protesto e da reação social. Assisto a todas as audiências deste processo para acompanhar a ilegalidade e expressar o meu protesto contra este processo político."

Tamar Kintsurashvili, Fundação para o Desenvolvimento dos Media: "É óbvio que se trata de uma parte do processo político, especialmente tendo em conta a aproximação das eleições e as declarações feitas por altos funcionários políticos contra a Rustavi 2."

Giorgi Mshvenieridze, Presidente da "Iniciativa Democrática":
"O processo não é desprovido de interesse por parte do governo em alterar a política editorial do Rustavi 2, o que não significa outra coisa senão uma tentativa de silenciar o Rustavi 2. É possível que o Tribunal termine o processo num dia; por isso, a decisão tomada será decisiva para a história do país. Definirá a forma como o Estado se desenvolverá, se permanece num quadro jurídico formal de democracia ou se caminha para o isolamento e a restrição da liberdade."

Zviad Devdariani, do Centro de Desenvolvimento Civil, sublinhou que o Supremo Tribunal "não deve adotar uma decisão que ponha em causa a existência de meios de comunicação social críticos na Geórgia, bem como a integração euro-atlântica do país, uma vez que estas questões estão interligadas".

Nino Danelia, investigador no domínio dos meios de comunicação social e professor na Universidade ILIA, "manifesto o meu total apoio ao Rustavi 2 por uma razão simples - preciso de uma televisão onde se ouçam críticas ao nosso governo. Isto é muito importante no período pré-eleitoral", afirmou Nino Danelia, investigador no domínio dos meios de comunicação social.

Lasha Bugadze - Escritor e autor de projectos mediáticos "Georgian Writers for

Valores Europeus", está a participar na manifestação de apoio a Rustavi2. Como afirma o escritor , a sociedade tem de proteger o espaço crítico e livre. Segundo ele, o apoio da sociedade é importante para o Rustavi2. "O Rustavi 2 crítico é importante para a democracia da Geórgia", afirmou.
De acordo com Lasha Bugadze, a mudança do formato da Rustavi2 e a sua alternância com a HTB será má não só para esta televisão, mas também para o desenvolvimento do país. "Apesar do meu respeito por Jarji Akimidze e Dato Dvali, não tenho garantias de que, nas condições de Kibar Khalvashi, eles possam observar o radicalismo e a liberdade, que são vitais para a Rustavi2 nas condições de oposição das autoridades", disse Lasha Bugadze.

Dato Turashvili, escritor, considera que a degradação do governo provoca um défice de crítica. "Se não for o Rustavi 2, haverá muito mais erros do que o governo cometeu, haverá muito mais passos errados e delitos" - observa Dato Turashvili.

Tamar Tsopurashvili, professora da Universidade ILIA, afirmou "A decisão judicial de hoje é histórica. Quero ser otimista e pensar que os juízes terão a coragem de dar o exemplo de heroísmo civil e de se colocar do lado da lei. Se a liberdade de expressão se perder, a sociedade civil não será muito forte", afirmou Tsopurashvili.

Tamar Gurchiani, professora da Universidade Estatal de ILIA, declarou: "Oferecemos a Kibar Khalvashi que aceitasse o pedido que os advogados da Rustavi 2 apresentaram em tribunal, o principal objetivo era assegurar o funcionamento da Rustavi 2 TV e a proteção dos direitos dos jornalistas, é necessário que a estação de televisão independente do governo exista para que possam defender a liberdade de expressão".

Zaal Udumashvili, adjunto do diretor-geral da Rustavi 2 (2014-2017): "A maioria concorda com o facto de o ambiente mediático atual se encontrar numa situação muito difícil. Há já meio ano que a Rustavi 2 está em modo de força maior, o facto de não haver ruído em torno da televisão não significa que os processos estejam suspensos, somos atacados diariamente por todos os lados. Não são ataques abertos, são ataques ocultos, financeiros, com os quais querem prejudicar a televisão... A novela dramática que foi para o ar na Rustavi2 terminou hoje. O governo recebeu o que queria. Gostaria de me dirigir a Bidzina Ivanishvili e a todo o governo - estas são fases da guerra. Talvez tenham ganho hoje, mas a guerra ainda não acabou e a

Rustavi2 vai definitivamente ganhar. Mais de 1000 pessoas trabalham para a Rustavi2, que lutarão por esta empresa de radiodifusão até à última gota de sangue. Ninguém vai recuar. Eu, Zaal Udumashvili, que trabalho aqui há anos, prometo isso e as pessoas que estão a ver aqui também prometem isso".

Tamara Chergoleishvili, diretora da TABULA: "Não estou aqui para defender Rustavi2, mas para defender o meu país da usurpação de Ivanishvili. Aparentemente, ele está politicamente falido. Mesmo num ambiente democrático mínimo, não conseguirá ganhar as eleições. Para ele, é de importância vital encerrar a empresa de radiodifusão, que é fundamental para manter os seus negócios privados. Esta pessoa preocupa-se apenas com a sua riqueza e bem-estar. Por isso, este processo é mais do que um debate sobre uma empresa de radiodifusão. O futuro da Geórgia depende dele".

Disse ela: "O circo a que assistimos no tribunal demonstra que isto não é um julgamento. Não tem qualquer legitimação. Todos os advogados estão de acordo, exceto os que estão ao serviço de Bidzina Ivanishvili. Estamos preparados para cenários piores ou melhores, temos um plano. Sabem que o caso está a ser discutido pelo Tribunal Constitucional, pelo que não permitiremos que Ivanishvili entre no edifício Rustavi 2, sem que tal ação lhe acarrete custos elevados."

Davit Paichadze, jornalista, observou: "As conversas sobre dois assuntos privados são um auto-engano. Obtivemos informações sobre a família do juiz Irtmelidze apenas em Rustavi2. Ele é um juiz e, de acordo com o seu estatuto, pode ter poder moral, mas não o tem. Isto é uma pressão não só sobre a liberdade de expressão, mas sobre a liberdade em geral. A liberdade não pode ser suprimida de uma só vez, pode ser feita lentamente, passo a passo. Estamos aqui para proteger não só o Rustavi2, mas a liberdade em geral", disse Davit Paichadze.

Ninia Kakabadze, jornalista, afirma que o processo contra a Rustavi2 tem motivações políticas. "Trata-se de uma disputa entre Ivanishvili e a Rustavi 2. A obrigação de um cidadão consciencioso é defender uma televisão crítica.
Não concordo com a opinião de que a Rustavi2 é uma televisão partidária, mas mesmo que fosse verdade, não pertence ao governo. Os representantes do governo não podem sequer manter o silêncio e esconder a sua atitude negativa em relação à Rustavi2", afirmou Ninia Kakabadze.

Ana Nemtsova, correspondente do The Daily Beast e da Newsweek, comparou os recentes desenvolvimentos com os processos na Rússia e estabeleceu um paralelo com a NTV.
"De acordo com as informações de que disponho, o principal meio de comunicação social independente da Geórgia, o Rustavi 2, está a ser atacado. Esta situação faz-me

lembrar o ataque à NTV. Nessa altura, a Rússia não protegeu a televisão e nós perdemo-la", afirmou Ana Nemtsova.

Lawrence Scott Sheets, analista, escritor e jornalista, afirmou que as tentativas de atacar os meios de comunicação social conduzem sempre a um desastre político.

Representantes dos meios de comunicação social da Geórgia emitem uma declaração especial sobre o caso Rustavi 2 (Nino Jangirashvili - diretor da Caucasus Broadcasting Company; Mamuka Glonti - diretor da Maestro Radio; Ilia Kikabidze - diretor da Maestro Ltd; Lika Basilaia - portal Web "Europe for Georgia"; Diana Trapaidze - pivot da "TV Pirveli"; Irakli Tabliashvili - jornalista da televisão pública; Giorgi Isakadze - autor dos programas da Georgian Bussinessmedia Foundation; Merab Metreveli - jornalista; Ia Bobokhidze - Associação Regional dos Meios de Comunicação Social; Nestan Tsetskhladze - chefe de redação do "The Netgazeti"; Air Turadze - chefe de redação do jornal; Tazo Kupreishvili - chefe de redação do On.ge - chefe de redação; Genadi Uchumbegashvili - Internews - Geórgia):

"Estamos a acompanhar de perto os desenvolvimentos em torno da Rustavi2 Broadcasting Company, pois acreditamos que este caso terá um impacto significativo na liberdade de expressão, no ambiente mediático e no desenvolvimento da democracia na Geórgia. Infelizmente, os sinais de que o processo no Tribunal da Geórgia não estava isento de influência política eram óbvios ainda no tribunal de primeira instância. O juiz do julgamento de primeira instância emitiu uma decisão que dava ao governo a possibilidade de intervir na independência editorial do organismo de radiodifusão e de lhe dar instruções sobre a forma de gerir as suas actividades.

Paralelamente ao processo de julgamento do caso Rustavi 2, os funcionários do governo criticaram constantemente a política editorial do organismo de radiodifusão e o Supremo Tribunal tomou uma decisão no mais curto espaço de tempo sobre um caso tão importante que, para além de ser substancial em termos de volume, é de importância global. Este e outros factos em várias instâncias do Tribunal da Geórgia criaram a impressão de que os actuais proprietários da Rustavi2 foram privados do direito a um julgamento justo no país.

Neste contexto, congratulamo-nos com o facto de o Tribunal Europeu dos Direitos do Homem ter dado prioridade ao processo Rustavi 2 e ter suspendido temporariamente a execução da decisão do tribunal. Esperamos que o Tribunal Europeu dos Direitos do Homem mantenha a decisão provisória até que seja proferida a decisão final sobre o caso e que o meio de comunicação social independente possa continuar a emitir até ao final do litígio no Tribunal Europeu, garantindo a existência de um ambiente mediático pluralista no país.

A decisão do Tribunal Europeu dos Direitos do Homem sobre o caso Rustavi 2 é importante para o público, uma vez que o governo alega que se trata de um litígio entre duas partes, com o qual uma certa parte da sociedade não concorda e considera que se trata de uma tentativa do governo de se apoderar do canal governamental mais visível e mais crítico. Pensamos que a decisão do Tribunal Europeu contribuirá para o consenso da sociedade sobre a matéria, devido à elevada confiança do público no Tribunal Europeu. O pluralismo dos meios de comunicação social na Geórgia é agora especialmente importante porque, paralelamente ao litígio relativo à propriedade do Rustavi 2, o futuro do organismo público de radiodifusão tornou-se um tema de discussão. A nova direção do organismo público de radiodifusão, que levantou questões sobre a sua imparcialidade política, apresentou um novo plano de desenvolvimento que prevê o encerramento de todos os programas até 2018. Neste contexto, a mudança de propriedade do canal mais popular do país e de maior audiência, independente do governo, pode pôr em causa a democracia georgiana e o acesso dos cidadãos a informações imparciais e a opiniões diversas. "

CAPÍTULO 8

Principal luta pela liberdade de Rustavi 2 em 2017

O Supremo Tribunal da Geórgia decidiu conceder a empresa Rustavi 2 TV ao antigo proprietário Kibar Khalvashi. Tratou-se de uma audiência à porta fechada. A decisão do Supremo Tribunal da Geórgia é definitiva e não pode ser objeto de recurso para outro tribunal do país.
O diretor de Rustavi 2, Nika Gvaramia, declarou após a decisão: "Há alguns minutos, assistimos à perda da democracia na Geórgia. A perda da liberdade de expressão, a perda da justiça. Podemos dizer que, basicamente, o sistema judicial já não existe. Depois desta decisão, não podemos dizer que existe um nível mínimo de justiça na Geórgia.

" A ditadura foi oficialmente instaurada na Geórgia", anunciou Nika Gvaramia, diretor-geral do Rustavi2. "O Rustavi 2 é o único grande meio de comunicação social crítico do país e hoje foi anunciado que será entregue a Bidzina Ivanishvili. A imagem internacional da Geórgia enfrenta sérias ameaças. Por conseguinte, o Rustavi2 faz o seguinte anúncio: Embora não reconheçamos a decisão ilegal e a consideremos uma decisão política e não jurídica, formalmente continua a ser válida. Tivemos consultas com os proprietários, que são proprietários legais apesar da decisão de nove juízes, que venderam as suas almas, e terão um litígio jurídico internacional com Kibar Khalvashi.

" Apesar de tudo isto, fazemos a seguinte declaração - Uma vez que foi oficialmente declarado que a manutenção da política editorial do Rustavi 2 é importante, uma vez que Kibar Khalvashi declarou numa entrevista à TV Pirveli que se trata de uma questão comercial e que vai vender o Rustavi 2, faço a seguinte proposta - Há pessoas atrás de mim que fizeram o Rustavi como ele é agora. Entreguem a Rustavi2 à sua equipa. Se não estão a mentir e se não querem que todas as estações de televisão tenham uma só voz, entreguem a Rustavi2 ao seu pessoal", disse Nika Gvaramia.

O Diretor-Geral da Rustavi2 oferece a Kibar Khalvashi o pagamento do montante remanescente para satisfazer os seus interesses comerciais". Pagaremos 3 milhões 944 mil 397 dólares," - disse Gvaramia. Segundo ele, a Rustavi 2 continua a emitir e esta é a última palavra da empresa.

O Tabula.ge escreve que, durante uma entrevista à TV Pirveli, Kibar Khalvashi afirmou que não é "a pessoa que precisa da empresa de televisão. É uma propriedade material para mim, mas não posso prometer que a empresa de televisão será minha propriedade durante toda a minha vida". Khalvashi acrescentou ainda que "sob a minha propriedade, o canal [Rustavi 2] não terá a mesma função que tem atualmente, o que significa que não será o servo de alguém, não será um agitador. Nas minhas mãos, terá a função de servir o povo. Estou muito menos dependente do Sonho Georgiano ou de Ivanishvili, em comparação com a dependência de Gvaramia em relação a Saakashvili. Por isso, não será uma televisão 'partidária'".

CAPÍTULO 9

Decisão de Estrasburgo - Rustavi 2 Novo fôlego

O caso Rustavi2 e a decisão sem precedentes do Tribunal de Estrasburgo - os últimos desenvolvimentos em torno da empresa de radiodifusão estão a ser discutidos entre os membros da sociedade civil e os peritos.

Michael Benidze, diretor executivo da Sociedade Internacional para Eleições Justas e Democracia, afirmou que a principal mensagem do Tribunal de Estrasburgo é a proteção da liberdade de expressão e da liberdade dos meios de comunicação social no país. Para ele, é importante que todos percebam que a existência de um pensamento crítico é necessária. Considera que a decisão sem precedentes do Tribunal de Estrasburgo permite fazer previsões optimistas.

Tamta Muradashvili, advogado da empresa de radiodifusão Rustavi 2 : " Uma informação relativa ao nosso caso foi publicada no sítio Web do Supremo Tribunal em 6 de março de 2017." Este anúncio feito em 6 de março seria acrescentado a uma lista de numerosos outros documentos , publicados pelo sítio Web do Supremo Tribunal, se não houvesse um único pormenor - os advogados da Rustavi 2 não perderam o ponto principal e o objetivo desta publicação.

Tamta Muradashvili, advogado da empresa de radiodifusão Rustavi 2 : "Acontece que a Grande Câmara do Supremo Tribunal foi composta em 1 de dezembro de 2016".

Tamar Bagashvili, jornalista: "Não sabíamos?

Tamra Muradashvili, advogada da empresa de radiodifusão Rustavi 2 : " Não sabíamos. Depois de o nosso coletivo ter entregue o processo à Grande Secção, recorremos ao Supremo Tribunal em 28 de novembro de 2016 e solicitámos que nos informasse sobre a composição da Grande Secção. Para além desta carta, os advogados da Rustavi 2 comunicaram quase diariamente com funcionários do Supremo Tribunal e tentaram obter informações sobre a composição da Grande Secção. Esta conversa telefónica data de 7 de fevereiro.

Dito Sadzaglishvili, advogado da empresa de radiodifusão Rustavi2 : " Aqui é Dito Sadzaglishvili, representante da empresa de radiodifusão Rustavi2. Gostaria de saber se a Grande Secção foi composta relativamente ao caso Ruistavi2 ."

Representante do Tribunal: "Não sei, não fui informado pelos juízes até à data, por isso não sei, não posso dizer nada"

Dito Sadzaglishvili, advogado da empresa de radiodifusão Rustavi 2 : "Existe alguma

possibilidade de já estar composta, mas não se sabe? Talvez eu tenha de perguntar a outro sítio? Como é que posso saber? "
Representante do Tribunal: "Talvez não, não sei".

Estamos a 16 de fevereiro. Os advogados da Rustavi 2 tentaram novamente saber se a Grande Secção estava composta. A resposta é a mesma.

Tamta Muradashvili, advogado da empresa de radiodifusão Rustavi2 : " Olá, Salomé. Sou a advogada da empresa de televisão Sakartvelo, Tamta Muradashvili. Salomé, há alguma novidade sobre o nosso caso? A Grande Secção está composta?

Salomé: "Ainda não, Sra. Tamta"
Tamta Muradashvili, advogado da empresa de radiodifusão Rustavi 2: "E talvez voltem a telefonar, certo? Não devemos telefonar para outro sítio, pois não? ESTÁ BEM."

As respostas dadas aos advogados da Rustavi2 contradizem radicalmente o documento, divulgado pelo tribunal a 6 de março.

Se a Grande Secção foi composta a 1 de dezembro, o gabinete deveria ter conhecimento do facto passados dois meses. O Supremo Tribunal escondeu uma composição da Grande Secção ou o mais alto tribunal do país tenta falsificar documentos para retificar a imagem danificada com métodos inaceitáveis perante o Tribunal de Estrasburgo?

Tamta Muradashvili, advogado da empresa de radiodifusão Rustavi 2 : "Temos dúvidas de que se trate de um documento falsificado. Ou, se não for falsificado, parece que o Tribunal violou deliberadamente o direito de uma das partes. A parte tem o direito de saber qual o juiz que está a analisar o seu caso. Isto é elementar. Gostaria de saber qual o objetivo da publicação desta informação a 6 de março. Eles não têm tudo em ordem, houve qualquer coisa. Supostamente, estavam a agir de forma desonesta, Esta resposta já significa isso. Se a Grande Secção já estava composta, porque é que seria um problema informar as partes sobre isto?"

Se se trata de recusas, então já tínhamos apresentado recursos sobre recusas anteriormente e não deveria ser um problema informar-nos sobre a composição. O facto de este documento ter sido publicado a 6 de março é um sinal claro de que algo aconteceu no Supremo Tribunal, que estão a tentar sair da situação e, para nós, trata-se de uma prova adicional, que iremos apresentar em Estrasburgo".

Aparentemente, o tribunal de Nino Gvenetadze utilizou o tempo que decorreu entre as duas decisões do Tribunal de Estrasburgo para criar novos documentos a fim de se justificar perante o Tribunal Europeu. Desde a decisão tomada pelo Supremo Tribunal em 2 de março, os advogados, a oposição e a sociedade civil de Rustavi2 têm chamado a atenção para o curto período de tempo dedicado pela Grande Secção a um processo volumoso e ruidoso.

Oficialmente, a Rustavi 2 foi informada da composição da Grande Câmara em 27 de fevereiro. O processo deverá realizar-se ao fim de três dias - a 2 de março. A decisão foi tomada por unanimidade pelos nove juízes no mesmo dia.

Como é que os juízes conseguiram ler e analisar milhares de páginas e tomar uma decisão em tão pouco tempo? Esta foi uma das principais questões colocadas pelos advogados e pela oposição.

Tamta Muradashvili, advogado de Rustavi 2 :" Costumávamos reiterar em todos os artigos, transmitidos desde 2 de março, como era possível que a Grande Câmara, composta em 27 de fevereiro, que se reuniu em 2 de março uma única vez e que concluiu o seu trabalho no mesmo dia, proferisse uma sentença num processo tão volumoso. Lembram-se de que mostrámos fotografias desses volumes ... "

Tamar Bagashvili, jornalista: "Sim, era uma pergunta razoável e lógica, porque o processo era muito volumoso".

Tamta Muradashvili, advogado de Rustavi 2: "Penso que se aperceberam de que era impossível justificar tal coisa e publicaram esta informação em 2 de março. Trata-se de uma resposta que indica que os membros da Grande Câmara tinham informações sobre o processo, que o material do processo lhes era familiar e que o estavam a estudar desde 1 de dezembro."

Segundo o documento, a Rustavi 2 não foi informada da composição da Grande Secção nem em 1 de dezembro de 2016 nem em 24 de fevereiro de 2017, quando o juiz Chinchaladze foi substituído pelo juiz Roinishvili.

É possível que a informação publicada no sítio Web do Supremo Tribunal tenha sido uma espécie de referência para os juízes ditarem o que devem declarar publicamente sobre o processo Rustavi 2. O juiz Zurab Dzlierishvili centrou-se no prazo de apreciação do processo no seu primeiro comentário.

Mariam Shanshiashvili, jornalista: "Bastaram dois dias para analisar este enorme caso e proferir uma sentença? Bastaram esses dois dias para si? e para os outros nove juízes?"

Zurab Dzlierashvili, Juiz do Supremo Tribunal de Justiça: " "Verificará nos processos que se trata de informações falsas. O júri não teve apenas dois dias, mas alguns meses".

Os advogados de Rustvai2 afirmam que o caso da alegada pressão sobre os juízes -

Paata Katamadze e Besarion Alavidze - também não é um argumento válido, uma vez que a investigação desta questão teve início em 14 de janeiro, um mês e meio depois de a Grande Câmara ter sido constituída.

Tamta Muradashvili, advogado de Rustavi2 : "Digamos que este é o argumento desde 14 de janeiro, mas onde é que eles estiveram até 14 de janeiro?

Em 5 de março de 2017, Kibar Khalvashi e o seu advogado Paata Salia deslocaram-se ao Tribunal Europeu dos Direitos do Homem, em Estrasburgo. No mesmo dia, o Ministro dos Negócios Estrangeiros Mikheil Janelidze também chegou a Estrasburgo para participar em reuniões no TEDH. O Ministro não especificou se esteve no Tribunal no âmbito do processo Rustavi 2.

O advogado de Kibar Khalvashi considera um "facto sem precedentes" a decisão do Tribunal Europeu sobre o processo Rustavi 2. Paata Salia afirmou que a decisão do Tribunal Europeu não era inesperada. De acordo com o advogado, os pormenores da prorrogação das decisões de suspensão serão anunciados mais tarde.

"Não excluo que, como o Tribunal já suspendeu a execução, houvesse uma hipótese de deixar a decisão em vigor. Nesta fase, está suspensa até nova ordem, pelo que vamos ficar a aguardar a conclusão do processo. O tribunal tomou esta decisão para eliminar as ameaças, mas não sabemos a que ameaças se referem e qual foi a motivação do processo de decisão do tribunal. Talvez venhamos a saber mais tarde, quando for publicada a decisão fundamentada relativa à continuação da suspensão", afirmou Paata Salia

13 partidos da oposição emitiram uma declaração conjunta sobre o caso da propriedade da Rustavi 2, afirmando que o que está a acontecer atualmente com o organismo de radiodifusão pode prejudicar o caminho democrático da Geórgia e a integração euro-atlântica. A declaração sublinha que "o empenhamento internacional será decisivo para manter a liberdade dos meios de comunicação social, a independência do poder judicial e o desenvolvimento democrático da Geórgia".

A declaração tem o seguinte teor:
"Nós, os partidos políticos abaixo assinados, apelamos a todas as organizações internacionais relevantes e ao mundo democrático para que levantem a voz contra os ataques à liberdade de expressão e aos meios de comunicação social

pluralismo na Geórgia. A Rustavi 2, a única grande empresa de radiodifusão pró-ocidental que critica o Governo da Geórgia, está à beira de ser adquirida por Bidzina Ivanishvili, o governante de facto do país.

A Rustavi 2 era o último grande meio de comunicação social fora do controlo do antigo Primeiro-Ministro Ivanishvili e do seu partido Sonho Georgiano. Em 2 de março, num contexto de protestos civis, o Supremo Tribunal da Geórgia decidiu, à porta fechada, atribuir a propriedade da empresa de televisão Rustavi 2 a Kibar Khalvashi, irmão do deputado do partido Georgian Dream e representante de Ivanishvili. Ao exercer o seu controlo sobre a Rustavi 2, Ivanishvili ganhará um controlo esmagador da vida política e pública. A decisão do Supremo Tribunal, condenada pela maioria das organizações internacionais credíveis e pela sociedade civil georgiana, foi tomada um dia depois de a UE ter concedido a liberalização dos vistos à Geórgia.

A decisão constitui um rude golpe para a independência judicial e é contrária às obrigações assumidas pelo Governo da Geórgia no seu acordo de associação com a UE. As três instâncias dos processos judiciais não cumpriram os requisitos de um inquérito independente e de um processo justo e foram marcadas por uma interferência agressiva do Governo. É notável que o tribunal de primeira instância tenha dito literalmente que a política editorial do Rustavi 2 era um fator importante na decisão judicial, em vez de estipular uma fundamentação jurídica sólida.

A democracia no nosso país está em perigo, uma vez que o governante informal Bidzina Ivanishvili e o seu partido Georgian Dream obtiveram o controlo absoluto dos poderes executivo e legislativo e estão a destruir as instituições do Estado - incluindo o gabinete presidencial -, ao mesmo tempo que minam a independência do poder judicial, incluindo o Tribunal Constitucional. Tudo isto poderá prejudicar irreversivelmente o caminho democrático da Geórgia e a integração euro-atlântica. Apelamos ao Parlamento Europeu, à União Europeia, ao Conselho da Europa e à OSCE para que levantem a voz relativamente a estes desenvolvimentos alarmantes.

Acreditamos que o empenhamento internacional será decisivo para manter a liberdade dos meios de comunicação social, a independência do poder judicial e o desenvolvimento democrático da Geórgia."
Os partidos da oposição que assinaram a carta são: Movimento para a Liberdade - Geórgia Europeia, Democratas Livres, Movimento Nacional Unido, Partido Trabalhista, Aliança Cívica para a Liberdade, Estado para o Povo, Partido Democrático Nacional, Democratas Europeus da Geórgia, Nova União para a Geórgia, Plataforma Cívica - Nova Geórgia, Partido Conservador Cristão, Partido Reformador e Novo Centro Político Girchi.

Shalva Natelashvili, Presidente do Partido Trabalhista: "Estamos a enfrentar uma falsificação típica".
Um dirigente do Partido Trabalhista afirma que o governo ficou chocado com a decisão do Tribunal de Estrasburgo. Agora, o partido no poder tenta transferir a decisão política

para o quadro jurídico, mas comete mais erros. O Governo comete muitos erros, nomeadamente devido à decisão do Tribunal Europeu, desde o choque... Estamos a lidar com a elaboração de um documento falso ao mais alto nível do tribunal. Esta é a base principal para perdermos este caso no Tribunal Europeu e, mais importante ainda, é a base para o Ministério Público abrir uma investigação. Se tivéssemos o Ministério Público".

Davit Bakradze, membro da Geórgia Europeia, considera que as actividades do Supremo Tribunal implicam, pelo menos, a ocultação de informação: "Mas, mesmo que não se trate de uma falsificação, trata-se, pelo menos, de uma ocultação de informação à sociedade e, se se ocultam informações importantes à sociedade relativamente a uma questão tão importante, é evidente que se levantam suspeitas".

Nika Melia, Movimento Nacional Unido, principal partido da oposição, considera que os advogados de Rustavi 2 enganaram o Supremo Tribunal: "Não poderia alguém, por exemplo o porta-voz do Supremo Tribunal, ter anunciado há um ano que a Grande Secção já estava composta? O que é que os poderia impedir? Nada. Mas como é que podiam dizer que estava composta, quando não estava. E é claro que nem o Supremo Tribunal, nem a equipa de Ivanishvili sabiam que o Tribunal de Estrasburgo iria proferir tal sentença.

Se o documento do Supremo Tribunal é falso, então a exigência, proposta pelo Diretor-Geral de Rustavi 2 durante uma manifestação a 11 de março, é ainda mais lógica.

Nika Gvaramia, Diretora-Geral de Rustavi 2: "Exigimos a demissão dos traidores aqui enumerados. São eles: Nino Gvenetadze, presidente do Supremo Tribunal, juízes : Ekaterine Gasitashvili, Paata Katamadze, Besarion Alavidze, Mzia Todua, Zurab Dzlierashvili, Vasil Roinishvili, Maia Vachadze, Giorgi Shavliashvili, Natalia Nazghaidze, Nnatia Gujabidze e Shorena Khavelashvili. Exigimos que estas pessoas abandonem o Tribunal. Não desempenham as funções constitucionais, são escravos da alma e o seu lugar não é no tribunal".

Apesar dos esforços do Supremo Tribunal, o Tribunal de Estrasburgo não alterou a decisão tomada a 3 de março e, a 7 de março, anunciou a prorrogação da suspensão até à decisão final.

Segundo os advogados, trata-se de uma **decisão sem precedentes**, que indica que o tribunal georgiano não cumpriu as normas mínimas da justiça georgiana ou europeia no que respeita ao caso Rystavi2.

Davit Jandieri, advogado, especialista em direito internacional: "As circunstâncias em que o caso foi examinado na Geórgia indicavam apenas uma coisa, que a Rustavi 2 não teve oportunidade de proteger os seus direitos processuais, tal como exigido pela Constituição da Geórgia e pela Convenção Europeia dos Direitos do Homem."

07.03.2017
20.00 - AO VIVO

Nika Gvaramia, Diretora-Geral de Rustavi2: "Não me lembro de nada, fiquei extremamente feliz... O processo "Rustavi 2 "contra a Geórgia" entrou não só na história da Geórgia, mas também na história da justiça europeia. O nosso pedido de continuação da medida temporária foi satisfeito por unanimidade. Quero felicitar neste dia todas as pessoas que nos apoiaram, toda a nação georgiana, toda a sociedade georgiana, o sector das ONG, os partidos políticos, os nossos amigos de

corpo diplomático, organizações governamentais e não governamentais estrangeiras - o seu apoio unânime e incondicional não só a Rustavi 2, mas também ao Estado georgiano e à democracia georgiana. A Europa salvou a democracia da Geórgia ... Parabéns a todos... Por agora, há razões para celebrar, mas temos a sensação de que acabámos de ganhar uma batalha, não a guerra inteira".

Dito Sadzaglishvili, advogado da empresa de radiodifusão Rustavi 2: "Não podia acreditar no que estava escrito. Fiquei tão contente que quis lê-lo mais uma vez para ter a certeza de que estava realmente a dizer o que esperávamos. Li a carta várias vezes e depois, modestamente, disse que o Tribunal tinha alargado a medida. Depois disso, o Nika leu a carta em voz alta para que toda a gente percebesse do que se tratava. Finalmente começaram as celebrações. Estávamos a abraçar-nos, a dar pulos de alegria porque era uma decisão muito importante para nós... Eu estava a ler e não conseguia acreditar. Depois percebi que toda a equipa Rustavi 2, juntamente com os georgianos e os europeus, tinha feito uma descoberta importante".

Tamata Muradashvili, advogada de Rustavi 2, afirma que a "medida provisória" prolongada do TEDH permite que a sua equipa jurídica prepare um processo que irá apresentar no Tribunal Europeu para contestar a decisão do tribunal georgiano.

Na sequência da decisão de Estrasburgo, inicia-se uma nova fase de luta para os trabalhadores e advogados da Rustavi 2. Tamta Muradashvili, Dito Sadzaglishvili e muitos outros estão neste momento a trabalhar numa importante ação judicial que será apresentada ao EHRC. Agora, caberá ao Tribunal Europeu salvar a liberdade de expressão violada e prejudicada pela justiça da Geórgia.

CAPÍTULO 10

Após a decisão de Estrasburgo.

Os acionistas da empresa de radiodifusão Rustavi 2, os irmãos Levan e Gia Karamanishivli, divulgaram uma declaração em que a Rustavi-2 se refere à situação:

"Nos últimos dias, os processos da Rustavi 2 e, em particular, as informações sobre a demissão do diretor-geral da estação, Nika Gvaramia, têm estado no centro do interesse público. Gostaríamos de afirmar o seguinte: "Os rumores de que os fundadores da emissora demitiram Gvaramia não são verdadeiros. Qualquer insinuação nesse sentido resulta ou de falta de informação ou de uma mentira deliberada. De facto, durante a reunião, que se centrou nos problemas financeiros acumulados pela empresa, Nika Gvaramia declarou que se demitiria, que deixaria o cargo, ao que os fundadores presentes não resistiram. Devido ao contexto emocional existente, bem como ao facto de o próprio Gvaramia estar a considerar a hipótese de se demitir, facto que o fez anunciar publicamente há algumas semanas. É de salientar que a reunião foi convocada não só pelos fundadores, mas também pelos trabalhadores. George Karamanishvili chegou à reunião a pedido dos participantes.

"Não obstante o que precede, e tendo em conta que o Diretor-Geral ainda não anunciou oficialmente a sua demissão, a Gvaramia pode retomar amanhã as suas funções e responsabilidades na empresa. Gvaramia tem a maior contribuição para a democracia e a liberdade de expressão da Geórgia na batalha em curso. O seu papel na defesa de Rustavi2 é inestimável.

"Por último, gostaríamos de informar o pessoal da estação que, há algumas semanas, os fundadores e um diretor-geral da empresa acordaram um plano conjunto para ultrapassar a crise financeira. É necessário aplicar rigorosamente este plano, otimizar os custos de gestão para retomar o pagamento dos salários e o cumprimento das obrigações correntes".
"Na segunda-feira, vamos registar uma sociedade de responsabilidade limitada, a Rustavi 2 Team será o nome da empresa e a empresa será detentora de 51% das acções", comentou Nika Gvaramia, Diretor-Geral da empresa de radiodifusão Rustavi 2, sobre a última oferta dos irmãos Karamanishvili.

Gvaramia referiu que a equipa de Rustavi 2 decidirá o número de pessoas que farão parte da equipa de Rustavi-2. Ou seja, será definido quem serão os acionistas e os responsáveis pela gestão.

Os irmãos Karamanishivli propuseram-se realizar um debate público sobre o tema e consultas de carácter comercial, a fim de distribuir as acções de forma justa e aberta.

Antes de mais, a oferta de Karamanashvili é realmente muito importante e resolutiva. Trata-se de uma transferência efectiva do controlo do canal para o seu pessoal, ou seja, 51% das acções da LTD TV Sakartvelo", declarou Gvaramia.

Os proprietários de 91% das acções da Rustavi 2, Levan e Gia Karamanishivli, emitiram uma declaração em que explicam os pormenores da transferência de 51% das acções da TV Sakartvelo para o pessoal da Rustavi 2 Broadcasting Company.

A declaração tem o seguinte teor: "Respondemos à declaração de hoje de Nika Gvaramia. "Recordamos ao público que a nossa proposta original previa a transferência de acções para todo o pessoal da Rustavi 2 TV. Em resposta, o diretor-geral da empresa acusou-nos de que a nossa proposta era uma ficção e fez uma espécie de ultimato.
"A fim de dissipar suspeitas infundadas, manifestámos a nossa vontade de transferir para o nosso pessoal 51% das acções e definimos os pormenores da transferência das acções com a participação de todos os trabalhadores da empresa, em conformidade com os princípios de abertura e equidade.

"A Gvaramia apresentou hoje uma nova exigência no sentido de ser criada uma empresa intermediária não identificada, que participaria nas negociações em vez dos funcionários da empresa. Foi dito que esta empresa poderá ter 20-30 ou 50 fundadores (ou seja, no máximo 5% dos actuais trabalhadores da estação de televisão), tendo havido estranhas insinuações de que alguns dos trabalhadores poderão aderir ao obscuro "outro lado". A divisão da equipa em partidos, em condições de pressão externa sem precedentes, não é razoável e é prejudicial.

"Queremos que todos compreendam que este esquema é o caminho mais curto para garantir que a decisão sobre o presente e o futuro da Rustavi 2 possa ser tomada por um pequeno grupo e não por todo o pessoal, o que nunca foi o objetivo da nossa iniciativa e é contrário aos interesses da estação e da maioria dos seus trabalhadores.
"Por último, gostaríamos de salientar que, nas condições de uma gestão financeira adequada e de um controlo rigoroso dos custos, é realista tornar a empresa rentável e distribuir dividendos. Por conseguinte, a declaração feita hoje pelo Diretor-Geral de que a empresa nunca distribuirá dividendos é inaceitável".

Os trabalhadores da Rustavi 2 responderam à oferta dos irmãos Karamanashvili. Gvaramia respondeu à declaração de hoje dos acionistas da empresa de radiodifusão e explicou as razões da recusa. "Discutimos a oferta dos irmãos Karamanishvili relativa à transferência de 40% das acções da empresa para os trabalhadores da Rustavi2. Queremos agradecer-lhes a oferta, mas rejeitamos esta proposta", afirmou Gvaramia. "Deixem-nos ceder aos trabalhadores a propriedade da empresa "TV Sakartvelo", - disse Gvaramia. "A nossa recusa baseia-se nos seguintes factores: em primeiro lugar, a transferência de 40% das acções da empresa Rustavi2, que está sob arresto, é praticamente impossível, uma vez que, de acordo com os estatutos da Rustavi 2, a transferência de acções requer o consentimento de todos os acionistas, incluindo o consentimento de Nino Nizharadze, que detém 9% das acções. Esse consentimento não existe e, por conseguinte, a oferta, nos termos da lei, é uma farsa. Parece que, infelizmente, este facto não foi tido em conta pelos irmãos Karamanishvili.

"Em segundo lugar, e mais importante ainda, a propriedade de 40% das acções da empresa praticamente não altera a situação, uma vez que o voto decisivo continua a pertencer à empresa que detém o pacote de controlo de 51% das acções e os proprietários desta empresa são os irmãos Karamanishivli. Por conseguinte, do ponto de vista jurídico, a proposta é um pouco fictícia, uma vez que não pode garantir a participação do pessoal da empresa na sua gestão.

"Em terceiro lugar, o pessoal da empresa de radiodifusão Rustavi 2, em resposta, propôs a iniciativa de transferir para o pessoal as acções da empresa "TV Sakartvelo", que é, tanto do ponto de vista jurídico como do ponto de vista do conteúdo, a única forma de alterar a situação na empresa na realidade e não ficticiamente. Ltd. TV Sakartvelo não está presa, a sua transferência não necessita do consentimento de terceiros e é titular do pacote de controlo Rustavi2. Ao transferir para o pessoal da Rustavi2, pela primeira vez na história não só da nossa empresa, mas de todos os meios de comunicação social da Geórgia, os proprietários do organismo de radiodifusão tornar-se-ão seus empregados e escolherão e autorizarão pessoas que serão responsáveis perante o pessoal da empresa. "

"É importante notar também que essa medida poria fim a especulações doentias e, em muitos casos, completamente infundadas sobre a filiação partidária do Rustavi 2 e a afirmação de que a política editorial é formada com o envolvimento de outras pessoas não terá qualquer fundamento do ponto de vista formal e jurídico e só nós, neste caso, seremos legal e formalmente totalmente independentes e seremos responsáveis pela nossa política editorial. Agora e no futuro, referimo-nos à independência em relação a este governo e também à independência em relação a qualquer outra força política que chegue ao poder.

"Compreendemos o interesse legítimo da ameaça de que nenhum terceiro entre na empresa como investidor sob esta cobertura. Estamos prontos, no caso de a empresa receber as acções, a prever que as acções a terceiros só sejam vendidas em condições de consenso sem precedentes." "Mais uma vez, agradecemos aos irmãos Karamanishvili a sua oferta, que infelizmente temos de refutar, e pedimos-lhes que considerem a nossa contraproposta. Transferir o canal para aqueles que, de facto e de forma totalmente independente, sem qualquer assistência externa, devido à sua luta desesperada, trouxeram esta empresa até aos dias de hoje e mantiveram a sua independência e garantiram a liberdade de expressão para toda a Geórgia e para o seu povo, e foi nessas circunstâncias que toda a máquina do Estado se envolveu na luta contra a emissora. Acreditamos que, ao aceitarem esta oferta, os irmãos Karamanishivli aproveitarão esta oportunidade histórica e escreverão os seus nomes em letras douradas na história dos meios de comunicação social da Geórgia e na liberdade de expressão", afirmam os jornalistas do canal. Gvaramia afirmou ainda que esta era a posição da grande maioria dos empregados da Rustavi2 que construíram a empresa ao longo de todos estes anos.

CAPÍTULO 11

Partido no poder "Sonho Georgiano" contra Rustavi 2

Neste período, o partido no poder, Georgian Dream, prossegue as actividades contra a Rustavi 2. Uma fonte confidencial forneceu ao programa "Post Scriptum" da Rustavi 2 vários ficheiros da correspondência secreta do governo.

Nodar Meladze, o principal jornalista de Rustavi 2 e o seu material de vídeo exclusivo, o seu informador diz que estão a ser enviadas diariamente algumas cartas deste tipo, que contêm textos pré-preparados, que devem ser ditos em frente às câmaras por políticos, escolhidos pelo povo. Depois de obter comunicações secretas, P.S. começou a verificar os factos.

Rustavi 2 pediu uma entrevista a Armaz Akhvlediani, um dos antigos dirigentes do Georgian Dream. Armaz Akhvlediani confirmou que essas instruções são efetivamente enviadas aos deputados, são redigidas na administração governamental e os membros do partido no poder têm de as repetir. Armaz Akhvlediani, antigo secretário executivo do Sonho Georgiano :

" Quando Bidzina Ivanishvili deixou o cargo de primeiro-ministro, a maioria quis agradar ao antigo primeiro-ministro e governante de facto. Esta tendência mantém-se. De facto, repetem as mesmas mensagens como papagaios. Em 98-99 casos em cada 100, isto significa uma obediência e aceitação total destas notificações sem apelo. Esta escravatura é a razão de várias crises no país".

Jornalista Rustavi 2: Alguns dossiers caíram nas mãos do P.S., um dos quais é sobre o caso Rustavi2. Esta mensagem contém instruções em três pontos, sobre a forma como os deputados devem justificar o facto de o governo ter invadido a empresa de radiodifusão independente e proteger os interesses de Kibar Khalvashi.

A carta data de 6 de novembro de 2015 e a tarefa que lhe foi atribuída é a seguinte: a equipa parlamentar da Georgian Dream tem de proteger a decisão, anunciada por Tamaz Urtmelidze na noite passada, de suspender a autoridade do Diretor-Geral da Rustavi2 de Nika Gvaramia e de nomear um executivo temporário e, pelas mãos do tribunal, tentar controlar o que os jornalistas devem dizer na televisão independente.

Na primeira parte da carta, os deputados são obrigados a dizer que o anterior governo costumava privar as pessoas de bens através do terror, ao passo que, sob o governo do Sonho Georgiano, o tribunal profere sentenças.

A parte final da instrução é especialmente interessante. Dá instruções diretas aos deputados para protegerem Kibar Khalvashi e dizer que ele vai salvar Rustavi 2, é orientada por objectivos humanos e tem uma abordagem construtiva.

Correspondência: "A gerência temporária expressou uma abordagem civilizada ao dirigir-se ao queixoso, a fim de lhe oferecer candidatos aceitáveis para os cargos de Diretor-Geral e Diretor Financeiro, que conduziriam as actividades até à decisão final em caso de acordo. A fim de não interromper o funcionamento da televisão ou prejudicar os interesses de qualquer das partes. Não é exigido por lei, trata-se de uma boa vontade expressa pela direção temporária, que prova a legitimidade do processo e os elevados padrões morais. Este anúncio confirma que o requerente não tinha como objetivo suprimir o discurso crítico ou suspender o trabalho da empresa de televisão, mas que é do interesse da gestão temporária salvar e desenvolver a empresa.

Jornalista: A fim de apresentar um elevado nível de provas nesta história, mostrou a correspondência relativa a Rustavi 2, fornecida pela fonte confidencial, a Tamar Kordzaia, membro do Partido Republicano, e pediu-lhe que verificasse se ela, enquanto membro da maioria, tinha recebido essa carta em 6 de novembro de 2015.

Tamar Kordzaia, ex-deputada do partido "Sonho Georgiano", membro do Partido Republicano: "Sim, havia efetivamente cartas sobre todas as questões. Uma delas era também sobre Rustavi 2".
Jornalista: " e também no que respeita à gestão temporária?"
Tamar Kordzaia: "Sim, mas na verdade nunca o partilhámos e, por isso, nós, republicanos, fizemos a nossa declaração a este respeito".

O jornalista perguntou a Tamar Kordzaia se ela sabe quem está a escrever as mensagens que deveriam ser expressas pelos deputados.
Tamar Kordzaia: "Para dizer a verdade, não sei quem os escreve, porque para mim, pessoalmente, como para o membro da coligação na altura, era irritante que alguém escrevesse textos e nós tivéssemos de os repetir. Não foi um resultado de negociações, como acontece no nosso caso, porque quando acontece alguma coisa, por exemplo, mudar a situação relativamente à lei das escutas, ou mudar alguma coisa relativamente ao caso Rustavi2, sentamo-nos e tentamos formar a nossa posição e falar em nome do partido. Talvez isso se deva ao facto de haver muitos membros, mas penso que é embaraçoso não consultar os deputados. Irritou-me. A tarefa de divulgar mensagens também era inaceitável para mim. Havia muitos partidos na coligação e as posições deviam ser, pelo menos, coordenadas. Por isso, talvez os nossos anúncios, os dos republicanos, indicassem frequentemente que, em muitos casos, não partilhávamos essas posições e, como é óbvio, isso costumava agravar as relações no seio da coligação e recebíamos muitas queixas públicas a este respeito.

Jornalista: "Foi criticado quando não partilhou a sua posição, escrita na caixa de

mensagens?
Tamar Kordzaia: "Claro que sim, porque talvez se lembrem que, quando eu era membro do do Georgian Dream, tinha este problema e era sempre criticada".

Jornalista: Ani Mirotadze, membro do Fórum Nacional, recusou-se a transmitir a mensagem também em relação a Rustavi 2. A Sra. Mirotadze afirma que a decisão de Urtmelidze, que deveria ser justificada por eles, foi chocante, pelo que não pôde dar esse passo. Por conseguinte, teve de pagar com o seu mandato. Ani Mirotadze, antigo deputado, membro do Fórum Nacional: "Esta caixa de mensagens deve ser adequada, corresponder à realidade. Deve servir para exprimir uma posição clara e não para dizer algo baseado em mentiras. Eu não poderia dizer, não diria tal coisa, aconteça o que acontecer, porque quando não acredito no que estou a dizer, isso vai induzir a sociedade em erro. Para mim, isso é inaceitável".

Jornalista: Os Republicanos e o Fórum Nacional recusaram-se a executar as tarefas recebidas a 6 de novembro de 2015 relativamente a Rustavi2. No entanto, houve pessoas que desempenharam a tarefa na perfeição.

Giorgi Volski, antigo presidente da Georgian Dream, realizou uma sessão de informação em 6 de novembro, quando a elite dirigente recebeu notificações no seu correio eletrónico e deu voz às mensagens, entregues pela administração governamental. O jornalista do Rustavi 2 perguntou a Gia Volski porque é que ele fez isso?
Giorgi Volski, vice-presidente do Parlamento Europeu, membro do partido Georgian Dream: "O que é que querem dizer? O senhor deputado obteve uma informação. Não vos pergunto - como o fizeram, não interessa. Mas o que é que essa informação tem de especial?
Jornalista: "O facto de o governo estar a tentar dar instruções aos deputados sobre a disputa entre duas partes, como eles dizem, explicando como devem justificar uma decisão vergonhosa, na minha opinião".
Giorgi Volski : "Nodar, porque é que não queres ouvir a minha resposta?
Jornalista: "Estou a ouvir, Sr. Gia".
Giorgi Volski : "A resposta é normal: um grupo de pessoas, o partido no poder, recebe um cargo e transfere-o para toda a gente. Há alguma coisa de especial?
Jornalista: "Tudo bem, mas quando o partido no poder afirma que se trata de uma disputa privada entre duas entidades e que não tem interesses"... Gia Volski : "Não tem nada a ver com esta questão. Jornalista: "Deixem-me acabar a pergunta..."
Gia Volski : "Não, não vai. Que frase contradiz o facto de se tratar de um litígio entre duas entidades privadas?"
Jornalista: "O texto revela uma tendência para justificar o juiz Urtmelidze". Gia Volsi : "Não, não mostra.

Jornalista " Este anúncio confirma que o requerente não tinha como objetivo suprimir o discurso crítico ou suspender o trabalho da empresa de televisão, mas que é do interesse da direção temporária salvar e desenvolver a empresa. "Porque é que o Governo fala em nome de Kibar Khalvashi nesta carta?

Giorgi Volski : "O que é que Kibar Khalvashi tem a ver com isto?
Jornalista: "Então, quem é a parte em litígio? Quem é o queixoso?"
Giorgi Volski : "Enganei-o numa mentira mais uma vez".
Jornalista: "Não, não me responde, quem é o queixoso? Diga-me!
Gia Volski : " Oiçam-me..."
Jornalista: "Não, diga-me, quem é o queixoso?"
Gia Volski : "Não tem nada a ver com isso". Jornalista: "A instrução diz que não era do interesse do queixoso. Por que é que o governo fala em nome do queixoso?
Giorgi Volski :" O governo não está a falar em nome do queixoso. O governo responde às vossas perguntas. "
Jornalista: "O Governo deve falar com base na sua posição".
Gia Volski : "Nodar, por muito que discutamos, isso não corresponde aos seus objectivos". Jornalista : Giorgi Volski insiste que os deputados do Sonho Georgiano não dão instruções, mas participam na elaboração de uma posição comum. No entanto, durante a entrevista, mostrámos-lhe subitamente outra conversa, na qual o autor proíbe os deputados de falarem.
Giorgi Volski : "Não significa que estejamos sentados à espera de receber alguma coisa. Estamos a participar na elaboração da posição. Esta é uma posição acordada entre o Parlamento e o Governo, que é uma equipa".
Jornalista: "Isso não significa que o governo vos dá ordens?
Volski : "Não!
Jornalista: "Bem, vou mostrar-vos outra mensagem, que vocês, deputados, receberam um pouco mais tarde. É de 27 de março de 2016. "Meus senhores, não comentem o concurso anunciado para a realização de um evento solene pela Câmara Municipal de Moscovo em Tbilissi até nova ordem." Isto é uma referência? O governo indica-lhe, a si, deputado eleito pelo povo, que se mantenha em silêncio?"
Giorgi Volski : "Nós, deputados, dizemos ao governo qual é a nossa posição em relação a algumas questões e eles respondem, pedem para manter o silêncio até decidirem alguma coisa. Então, nós damos ordens ao governo.
Jornalista: "Isto não significa que esteja a dar ordens ao governo".
Gia Volski : "Não é, porque esta parte vos convém. Vocês são manipuladores".
Jornalista: "Muito bem, então mostre-me qual era a parte anterior. Mostre-me, no seu e-mail, a carta que enviou ao governo em 27 de março de 2016.
Gia Volski " É este o caminho?"
Jornalista:" Está a dizer-me que lhe mostrei apenas uma parte"
Gia Volski : "Isto é um caminho?

Jornalista: "Por favor, mostre-me, confirme! Mostrem à sociedade que enviaram realmente essa carta e que isto foi apenas uma resposta. Não era uma instrução".
Giorgi Volski : "Não é assim. Não é assim que funciona, como pretende apresentar. Este é o baseado em consultas. Posso enviar uma carta, ou ter uma conversa telefónica, ou escrever. É questionável de onde é que têm esta informação. Posso enviar-lhes um e-mail. E, já agora, podem confirmar se este tópico foi retirado da conversa aberta?
Jornalista:" Sim, aqui está uma lista muito longa. Esta é a conversa de muitas pessoas - deputados.
Giorgi Volski: Sim, e depois?
Jornalista: No final da entrevista, perguntámos a Giorgi Volski, pela quinta vez, por que razão os deputados receberam instruções do governo para proteger os interesses de Kibar Khalvashi, se o governo não estava por detrás deste processo e se, para eles, se tratava de uma disputa entre duas entidades?
Giorgi Volski: "Isto não está relacionado com qualquer decisão no sentido de alterar o que quer que seja, a política editorial, posso repeti-lo hoje mais uma vez. Não percebo se há algo de escandaloso nisto.
Jornalista: "É evidente. Estou apenas a perguntar por que razão o governo fala em nome de Kibar Klahvashi no que se refere à nomeação de uma direção temporária. Esta é a minha pergunta. Giorgi Volski : "Não consigo perceber. Esta não é a posição do Kibar Khalvashi, é uma posição lógica, uma posição humana, que não consegue compreender. Não me refiro a si pessoalmente".

Como disse o jornalista após esta entrevista, Giorgi Volski dirigiu-se à sala de sessões do Parlamento. No entanto, um facto chamou a nossa atenção - ele não estava a participar na sessão e estava a escrever uma carta no seu computador pessoal. A câmara do P.S. captou o ambiente de trabalho de Giorgi Volski. Parecia que estava a avisar os seus colegas deputados de que o programa "P.S" tinha material sobre a sua correspondência secreta e que estava a ser feita uma reportagem sobre o assunto.

A carta: "Talvez precisem dela. O Rustavi 2 faz uma reportagem em que a principal prova é a informação enviada aos deputados em 2015 sob a forma de instruções relativas à decisão do juiz Urtmelidze, que previa a alteração da política editorial. A questão principal é: como é que pudemos saber antecipadamente as declarações de Khalvashi? Estão juntos ou, se se trata de uma disputa legal entre duas entidades, esta instrução é irrelevante. Penso que os seus argumentos são fracos, mas utilizam-nos de forma sensata. Respondi que a decisão do tribunal não prevê a alteração da política editorial".

Os rostos do sonho georgiano, que não eram deputados em 6 de novembro de 2015, afirmam que essas instruções já não são enviadas atualmente.

Archil Talakvadze, líder da maioria parlamentar, deputado do Georgian Dream " Não creio que tenha problemas em relação ao que dizer. Preparo-me sempre com antecedência, especialmente para as sessões. Trabalho muito para preparar o meu discurso. A maior parte das vezes escrevo-o à mão, em papel, e pode ter as suas imagens".

Jornalista: "Por outras palavras, não tem em consideração o que escrevem da administração?"
Talakvadze: "Podem ver as imagens e constatar que preparo os meus discursos e que os escrevo no papel, por vezes durante a sessão".
Mamuka Mdinaredze, presidente da Fação Sonho Georgiano: "Não acredito que alguém tenha escrito ou obedecido a estas coisas. A minha incerteza prende-se mais com a submissão. Hoje em dia não existem tais factos. Como é que posso tomar liberdades com os meus colegas e indicar-lhes o que devem dizer".
Jornalista: O antigo Secretário Executivo da Georgian Dream afirma o contrário e tem a certeza de que os deputados repetem o que é escrito por outros. Armaz Akhvlediani fala à P.S. de outro facto escandaloso. Afirma que os deputados que se recusavam a repetir as diretivas do governo eram punidos.
Armaz Akhvlediani: "Havia uma lista de pessoas que tinham luz verde para comunicar com os meios de comunicação social. Eu não estava nessa lista.
Jornalista: "Qual era o tamanho da lista dos deputados que tinham luz vermelha?"
Armaz Akhvlediani : "Aqueles que tinham uma opinião diferente eram censurados e se alguém se atrevesse a falar duas vezes com tanta ousadia, então todos os caminhos e todos os acessos aos meios de comunicação social eram-lhes vedados. Deve haver pessoas que comparem o líder, por exemplo, com Ilia Chavchavadze.
Jornalista: Está a falar de Manana Kobakhidze?
Armaz Akhvlediani: "Claro. Aqueles que dizem que está tudo bem no país".
Jornalista: "De acordo com Armaz Akhvlediani, a elite dirigente da Georgian Dream declarou guerra à Rustavi2 desde o dia em que chegou ao poder em 2012. A elite dominante declarou guerra ao Rustavi2 desde o dia em que chegou ao poder, em 2012, e boicotou-o quando os líderes do Georgian Dream foram proibidos de participar nos programas do Rustavi 2.
Armaz Akhvlediani: Foi uma abordagem comum declarar boicote à Rustavi2. É óbvio que tentavam evitar questões agudas, mas, por outro lado, visitavam estações de televisão, onde as questões eram previamente acordadas com agrado. Houve uma tentativa constante de manter o boicote por um lado e, por outro, criar problemas que obrigassem a empresa a parar".

Jornalista: P.S. obteve vários ficheiros da correspondência secreta da equipa governamental. A lista de correio eletrónico - lista dos indivíduos que recebem instruções sobre o que devem dizer os deputados e os ministros - encontra-se entre este material. A lista contém uma série de nomes interessantes. Ucha Mamatsashvili, primo de Bidzina Ivanishvili, está entre eles, bem como Irakli Shotadze, o Procurador-Geral. E um chefe do Serviço de Segurança do Estado. Se se trata de mensagens políticas para dirigentes políticos, porque é que entre eles se encontram dirigentes de organismos oficialmente despolitizados - a Agência de Segurança do Estado e o Ministério Público? Além disso, o que é que faz o primo de Bidzina Ivanishvili, que não ocupa uma posição política elevada em nenhum órgão da lista? (Jornalista Nodar Meladze para Rustavi 2).

CAPÍTULO 12

Tribunal Constitucional e Rustavi 2

A polémica surge cerca de uma semana depois de o Presidente do Tribunal Constitucional, Giorgi Papuashvili, ter afirmado que "alguns dos juízes" do Tribunal foram "pressionados" e "chantageados" para decidirem a favor das autoridades ou para arrastarem os veredictos em vários casos de grande visibilidade.

Não estão disponíveis publicamente quaisquer pormenores sobre esta alegação. O Ministério Público está a investigar o caso e vários juízes foram entrevistados pelos investigadores, mas nenhum deles declarou ainda publicamente ser alvo de alegadas pressões; o próprio Papuashvili parece estar relutante em ser entrevistado pelos investigadores.

Uma carta conjunta de cinco juízes, dirigida ao Presidente do Tribunal Constitucional, foi divulgada nos meios de comunicação social da Geórgia em 29 de julho. A carta foi assinada pelos juízes

Merab Turava; Zaza Tavadze; Lali Papiashvili; Tamaz Tsabutashvili e Otar Sichinava.

"É inadmissível quando a agenda do Tribunal é determinada unilateralmente pelo Presidente do Tribunal Constitucional sem ter em consideração a opinião dos outros membros do Tribunal e quando isso é feito de forma a acelerar a apreciação de certos casos, especificamente aqueles que contêm contexto político e especialmente nas condições em que os casos, que foram apresentados significativamente antes (mas sem natureza política) estão à espera há bastante tempo pela sua vez de serem considerados/decididos pelo Tribunal", lê-se na declaração. "Os juízes devem dispor de um período de tempo razoável para estudar minuciosamente o processo, a fim de tomarem uma decisão sem pressa e num ambiente calmo".

Nos seus comentários, os cinco juízes apelaram a que só sejam tomadas decisões sobre processos de grande visibilidade política depois de o órgão de investigação determinar a veracidade das alegações feitas pelo presidente do Tribunal Constitucional em 21 de julho. Caso contrário, sugerem, qualquer decisão sobre estes casos poderá pôr em causa a imparcialidade dos juízes.

Ao comentar as alegações, o presidente do Tribunal Constitucional, Giorgi Papuashvili, disse aos jornalistas que "este tipo de declaração separatista" dos seus cinco colegas era "um mal-entendido".
"Penso que vamos ultrapassar este mal-entendido e continuar a desempenhar normalmente as nossas funções", afirmou, acrescentando que sempre foi prática do

Tribunal dar prioridade aos casos relacionados com os direitos fundamentais e a liberdade de expressão.

"O nosso trabalho deve basear-se exclusivamente na lei e na Constituição, e não nos caprichos, procedimentos e prazos do Ministério Público ou de qualquer outra pessoa", afirmou, referindo-se ao apelo dos cinco juízes no sentido de adiar as decisões relativas a processos de grande visibilidade antes de o Ministério Público concluir a investigação em curso sobre alegadas pressões sobre o Tribunal. Em 30 de julho, três juízes do Tribunal Constitucional - Konstantine Vardzelashvili, Ketevan Eremadze e Maia Kopaleishvili - emitiram uma declaração escrita em resposta à carta dos seus cinco colegas.

"O Tribunal de Justiça não é alheio a divergências entre os juízes, o que se reflectiu frequentemente nas decisões do Tribunal. Mas a disputa entre os juízes através de meios de comunicação social nunca aconteceu antes... O debate entre juízes com recurso aos meios de comunicação social diminui a dignidade de um juiz e prejudica a reputação do Tribunal. É lamentável que os nossos colegas nos coloquem perante uma escolha tão indesejável", lê-se na declaração dos três juízes, publicada no sítio Web do Tribunal Constitucional.

Os juízes rejeitaram como "infundadas" as alegações contra o presidente do Tribunal, segundo as quais este tenta acelerar as decisões sobre os processos de cariz político, salientando que as queixas apresentadas pela Rustavi 2 TV estão a ser analisadas pelo Tribunal desde outubro de 2015. O caso foi inicialmente apreciado por um painel de quatro juízes, mas quando o painel concluiu o processo, o caso foi remetido para o plenário de 9 juízes em junho, a pedido do juiz Merab Turava, que entrou para o Tribunal no ano passado - a medida foi criticada pela Rustavi 2 TV e por alguns partidos da oposição como uma tentativa de arrastar o processo. Na sequência de alterações legislativas aprovadas pelo Parlamento no início de junho, foi conferido a um único juiz de um coletivo o direito de solicitar a remessa de um processo para a sessão plenária do tribunal pleno.

Os três juízes referiram ainda que a prática anterior do Tribunal mostra que a sequência em que os processos são julgados nunca seguiu rigorosamente a ordem pela qual as queixas foram apresentadas.

"É um dos critérios, mas não o único. Foi sempre dada prioridade aos casos relacionados com os direitos humanos, o direito à vida e à saúde, especialmente nas circunstâncias em que o atraso na decisão teria tornado o veredito ineficaz em termos de proteção dos direitos", lê-se na declaração.

Ao comentar os recentes acontecimentos relacionados com o Tribunal Constitucional, o Presidente do Parlamento, Davit Usupashvili, afirmou, sem tomar partido, que o Tribunal parece estar envolvido no "epicentro dos processos políticos".

"Penso que é seguro dizer que o Tribunal Constitucional está em crise", disse Usupashvili numa entrevista à estação de televisão Imedi, sediada em Tbilisi, em 29 de julho.
O Comissário afirmou que a nomeação de novos juízes, que substituirão aqueles cujo mandato termina dentro de alguns meses, deverá contribuir para melhorar a situação.
Os quatro juízes cujo mandato de dez anos no Tribunal Constitucional termina no final de setembro são: Giorgi Papuashvili, Konstantine Vardzelashvili, Ketevan Eremadze e Otar Sichinava.

CAPÍTULO 13

Conclusão

As pressões internas e externas podem ainda orientar o processo de recurso para uma resolução do litígio de uma forma mais genuinamente consentânea com o Estado de direito. Entretanto, o caso levantou novas questões sobre o estado da democracia georgiana. O Sonho Georgiano foi eleito, em grande parte, como reação contra o frequente desrespeito do Estado de direito por parte do anterior governo. O caso Rustavi-2 é o sinal mais forte até à data de que o governo está disposto a envolver-se - ou pelo menos a tolerar - no mesmo tipo de abusos que o levaram ao poder. O facto de o sistema se corrigir agora é um teste à governação democrática da Geórgia.

Como escreve a jornalista do The Daily Beast, Anna Nemtsova, "Gvaramia era mais duro do que as autoridades esperavam - afinal, ele não era apenas um gestor comum, mas o antigo ministro da justiça da Geórgia, bem como o antigo procurador-geral e o ministro da educação na altura em que a Geórgia concebeu o seu pacote de reformas legislativas. Quando as autoridades enviaram a Gvaramia um mensageiro com uma lista de opções de chantagem. "Um homem que eu conhecia bem apareceu neste escritório há alguns dias, dizendo-me para desistir da luta por Rustavi-2", recorda Gvaramia com um sorriso amargo. "Lembrou-me que a minha família ainda estava na Geórgia e não nos Estados Unidos; que se eu resistisse a colaborar, as autoridades publicariam as minhas conversas telefónicas com Saakashvili e um vídeo comprometedor que alegadamente tinham de mim numa cena íntima num apartamento qualquer." As ameaças foram "repugnantes e dolorosas", admitiu o diretor do canal. Em resposta, Gvamaria foi imediatamente para o ar e contou a todo o país o que tinha acontecido.

"Se o nosso serviço de segurança está a utilizar métodos do KGB, isso é uma péssima notícia para a Geórgia", disse o diretor ao The Daily Beast. "Gravar, chantagear, ameaçar a família - isto é um desastre, de facto, algo típico de regimes autoritários."

Para já, a estação de televisão mais popular da Geórgia mantém a função de cão de guarda do governo devido à sua filiação na oposição. Se o panorama mediático georgiano é vibrante e pluralista, a televisão continua a ser o meio mais dominante. No entanto, o panorama dos meios de comunicação social é também altamente polarizado e continua a ser visto como estando ligado a interesses partidários.

E no final, o texto da pergunta do NDI: Até que ponto concorda ou discorda que o caso da propriedade do Rustavi 2 tem sobretudo motivações políticas e visa restringir a liberdade dos meios de comunicação social? A percentagem de pessoas que concordam totalmente é de 36%, ou seja, a maioria da população pensa que SIM!

CAPÍTULO 14

Transparência Internacional - Geórgia
A estação de televisão do "povo vitorioso": A história de Rustavi 2

Há mais de uma década que o Rustavi 2 está no centro da política da Geórgia e molda as percepções do público. Atualmente, a propriedade do maior meio de comunicação social privado do país - no ano passado, registou receitas de 30,7 milhões de GEL e foi responsável por cerca de 32 em cada 100 minutos que os georgianos passam em frente ao seu televisor - continua a ser disputada.

Entre 2004 e 2012, a Rustavi 2 mudou de proprietário cerca de 20 vezes, muitas vezes em negócios polémicos que tinham um sabor político, envolvendo pessoas com ligações estreitas ao Presidente Mikheil Saakashvili e a funcionários do governo liderado pelo Movimento Nacional Unido. O Rustavi 2 é atualmente o único canal importante que é visto como estando próximo da oposição: numa sondagem recente do NDI/CRRC, 47% dos inquiridos afirmaram que a programação da estação reflectia os interesses do MNU.

Pouco depois das eleições parlamentares de outubro de 2012, Davit Dvali e Jarji Akimidze, que tinham fundado a Rustavi 2 em 1994 juntamente com Erosi Kitsmarishvili, disseram que estavam a iniciar um processo judicial para recuperar a estação. "Vamos continuar a lutar para recuperar as nossas acções na Rustavi 2 que, por lei, nos pertence e que nos foi ilegalmente retirada em 2004", disse recentemente Dvali à TI Georgia. Nos últimos meses, não se registaram quaisquer progressos na investigação do seu caso, afirmam Dvali e Akimidze.

Os dois co-fundadores mantiveram o silêncio sobre o que aconteceu em 2004 até 29 de setembro de 2012, poucos dias antes das eleições legislativas, quando se descreveram como as "primeiras vítimas da violência" da "máquina do Estado" numa carta aberta.

Antes da Revolução das Rosas: Após a criação da estação como canal de televisão na cidade de Rustavi, Jarji Akimidze, Davit Dvali e Erosi Kitsmarishvili detinham, cada um, 33,3% das acções entre 1994 e 2004.

No início da década de 2000, o canal local de uma cidade de província tinha-se tornado a maior estação de televisão privada da Geórgia e criticava frequentemente o governo de Eduard Shevardnadze. Em 2001, Giorgi Sanaia, apresentador do popular programa Gamis Kurieri (Correio Noturno), foi assassinado e as circunstâncias do seu assassinato nunca foram totalmente investigadas. No final desse ano, as autoridades efectuaram uma rusga à Rustavi 2 para investigar o alegado não pagamento de impostos no valor de 1,5 milhões de GEL. As alegações foram amplamente consideradas falsas e deram origem a protestos civis que acabaram por resultar na demissão do governo.

Na véspera das eleições legislativas de 2003, a Rustavi 2 apresentou os resultados da sua sondagem , segundo a qual o Movimento Nacional Unido de Mikheil Saakashvili tinha ganho as eleições, enquanto os resultados oficiais davam a vitória ao bloco pró-Shevardnadze For New Georgia. A cobertura da fraude eleitoral pela Rustavi 2 e a sua continuação desencadearam e alimentaram protestos pacíficos que acabaram por resultar na Revolução das Rosas e na demissão do Presidente Shevardnadze.

Kibar Khalvashi e retirada dos fundadores da Rustavi 2: Em fevereiro de 2004, o cofundador da Rustavi 2, Erosi Kitsmarishvili, foi eleito Presidente da Câmara de Comércio. Na primavera, o diretor da Rustavi 2, Nika Tabatadze, que detinha 10% da empresa (depois de ter recebido 3,33% de cada um dos três fundadores), tornou-se Vice-Ministro dos Negócios Estrangeiros.

Dvali e Akimidze afirmam que, nos meses que se seguiram à Revolução das Rosas - na altura, a Rustavi 2 intitulava-se o canal do "povo vitorioso" -, representantes do MNU os abordaram e lhes pediram para entregar o controlo da Rustavi 2. Os dois proprietários recusaram, apesar do que descrevem como pressão psicológica. A Rustavi 2 tinha contraído um empréstimo junto do Fundo de Empréstimo para o Desenvolvimento dos Meios de Comunicação Social (MDLF), para o qual os proprietários da estação deram como garantia os seus bens pessoais, incluindo acções do fornecedor de Internet Georgia Online. Entretanto, a sua relação com Kitsmarishvili tinha-se deteriorado, disseram Dvali e Akimidze à TI Geórgia.

Em 11 de junho de 2004, Kitsmarishvili deu início a um processo de falência contra o Rustavi 2, uma vez que o canal anunciou que devia 9,2 milhões de GEL, incluindo uma dívida de 4,6 milhões de GEL ao orçamento do Estado. O Governo ofereceu-se para reescalonar as dívidas. Davit Dvali afirma que a Rustavi 2 devia 1,2 milhões de dólares ao Fundo de Empréstimo para o Desenvolvimento dos Meios de Comunicação Social e tinha um outro empréstimo pendente de cerca de 0,5 milhões de GEL com a TBC, mas diz que a empresa estava a fazer os seus pagamentos dentro do prazo.

No entanto, tendo a empresa de televisão declarado publicamente que estava em situação de falência, Dvali e Akimidze afirmam ter-se encontrado numa situação em que os seus credores exigiam o reembolso dos empréstimos e foram coagidos a vender a Rustavi 2 para poderem salvar os seus outros bens pessoais que tinham utilizado para garantir os empréstimos. Um representante do Fundo de Investimento para o Desenvolvimento dos Meios de Comunicação Social (como o MDLF é atualmente designado) confirmou que a Rustavi 2 reembolsou o seu empréstimo em 2004, mas não pôde fornecer informações sobre as circunstâncias do reembolso nem sobre o empréstimo em si, por razões de confidencialidade do cliente.

Foi nesta altura que começaram as muitas mudanças na propriedade da Rustavi 2. Em 16 de junho de 2004, Paata Karsanidze, um homem de negócios sem perfil público, comprou 60% da Rustavi 2 (30% a Davit Dvali e 30% a Jarji Akimidze), tendo vendido as suas acções a Kibar Khalvashi no mesmo dia. Karsanidze pagou 100 000 USD a cada um dos dois fundadores e vendeu as acções a Khalvashi por 200 000 USD, de acordo com os registos públicos . A empresa de Khalvashi, Panorama LTD, também adquiriu os 10% das acções de Nika Tabatadze na Rustavi 2 - documentos públicos referem que Tabatadze se retirou voluntariamente das suas acções e recebeu 200 GEL, o valor nominal das suas acções com base no capital inicial da Rustavi 2 - e os 30% das acções de Erosi Kitsmarishvili (por 50 000 USD). Em outubro, Kitsmarishvili demitiu-se do cargo de Presidente da Câmara de Comércio e retirou-se totalmente das suas funções na Rustavi 2, após o fim da sua alegada amizade com o Primeiro-Ministro Zurab Zhvania.

Kibar Khalvashi era alegadamente amigo de Irkali Okruashvili, que foi Procurador-Geral (2004), Ministro do Interior (2004), Ministro da Defesa (2004-2006) e Ministro do Desenvolvimento Económico (2006) no governo de Saakashvili. Khalvashi tornou-se distribuidor de produtos da Procter & Gamble e da Pepsi (um incêndio destruiu as suas instalações de armazenamento no final de dezembro de 2007, algumas semanas depois de Okruashvili ter rompido com o governo de Saakashvili e ter sido acusado de corrupção).

A família Bezhuashvili adquire acções na Rustavi 2: Em dezembro de 2005, a SakCementi adquiriu 22% da Rustavi 2 à empresa Panorama de Khalvashi por 131 994 GEL. Robert Bezhuashvili, pai de Gela Bezhuashvili, Ministro dos Negócios Estrangeiros (2005-2008) e chefe interino do Serviço de Informações Externas da Geórgia, e de Davit Bezhuashvili, deputado do Movimento Nacional Unido, detinha 100% da SakCementi.

Um ano mais tarde, o Georgian Industrial Group (GIG), também propriedade de Robert Bezhuashvili (através da Holding Georgian Industrial Group LTD, que é propriedade da Chemexim International, registada nas Ilhas Marshall) comprou 22% das acções da SakCementi. Os activos do Georgian Industrial Group incluem a extração de carvão, a energia, o sector imobiliário e detém igualmente 25% da HeidelbergCement Georgia. Davit Bezhuashvili tem revelado o seu envolvimento como sócio da Chemexim International nas suas declarações públicas de bens a partir de 1999, embora nunca tenha declarado quaisquer rendimentos provenientes desta empresa.

Em 2006, Khalvashi e Bezhuashvili adquiriram também acções da Mze, 78% e 22% respetivamente. O GIG também detinha 65% do canal de música 1 Stereo.

Proprietários offshore: Em agosto de 2006, Nika Tabatadze, que tinha deixado o seu cargo de vice-ministro dos Negócios Estrangeiros em outubro de 2004 para se tornar diretor executivo da Rustavi 2, foi demitido. Foi substituído por Koba Davarashvili, alegadamente um amigo de Giorgi Arveladze, na altura chefe da administração do Presidente Saakashvili.

Mais tarde, em 2006, quando Irakli Okruashvili abandonou o governo, Kibar Khalvashi e a sua Panorama LTD venderam 78% das acções à Geo-Trans, uma empresa detida por Bidzina Nizharadze, que não tinha qualquer perfil público.

No prazo de dez dias, a Geo-Trans vendeu 55% das suas acções em Rustavi 2 à Delgado Resources Ltd, uma empresa de fachada das Ilhas Virgens Britânicas, representada por Levan Karamanishvili, que também representou empresas de fachada que detêm acções da Caucasus Online e da Mobiltel/Beeline Georgia, bem como os proprietários do grupo de restaurantes GMC e de um centro comercial na estação ferroviária central de Tbilisi. Os restantes 23% das acções da Geo-Trans foram adquiridos pela GIG, que na altura já detinha 22% das acções da Rustavi 2.

No início de 2007, o Grupo Geomedia, representado por Bidzina Nizharadze, comprou os 55% da Rustavi 2 detidos pela Delgado Resources - um negócio entre duas empresas-fantasma das Ilhas Marshall. Os acionistas beneficiários por detrás destas duas entidades permanecem desconhecidos.

Irakli Chikovani foi diretor da Rustavi 2 entre 2007 e 2009, tendo posteriormente sido presidente da Comissão Nacional de Comunicações da Geórgia (GNCC) entre 2009 e 2013. Em 2008, Chikovani também adquiriu 30% da empresa - 15% do Geomedia Group e 15% do GIG. Não há qualquer registo deste negócio específico no registo público da Geórgia.

Quando Chikovani se tornou comissário da GNCC em 2009, parece ter vendido as suas acções à GIG e ao Grupo Geomedia, mas também para estas transacções existem lacunas no arquivo em linha do registo público. O parceiro de negócios de Chikovani, Giorgi Gegeshidze, tornou-se o novo diretor da Rustavi 2. Gegeshidze representava a Degson Limited, uma empresa de fachada das Ilhas Virgens Britânicas que tinha adquirido 70% da Rustavi 2; os restantes 30% das acções permaneceram nas mãos da família Bezhuashvili (a GIG transferiu os seus 30% de acções para o seu proprietário direto, a Chemexim International).

Apesar da crescente preocupação do público, os proprietários da Rustavi 2 permaneceram escondidos do público. As críticas locais e internacionais, informadas por um relatório da TI Geórgia sobre a propriedade opaca da televisão, aumentaram. O governo foi pressionado a esclarecer melhor quem era o proprietário e quem controlava os principais organismos de radiodifusão do país.

Em 2011, o Parlamento proibiu a propriedade offshore de estações de rádio e televisão e obrigou à divulgação dos beneficiários efectivos dos titulares de licenças de radiodifusão. Pouco antes da entrada em vigor destas alterações, no início de 2012, Levan Karamanishvili comprou 60% da Rustavi 2 à Degson Limited e 30% à Chemexim International. Giorgi Gegeshidze comprou os restantes 10% à Degson Limited, que ele próprio representava.

Após as eleições parlamentares de 2012: Em 4 de outubro de 2012, imediatamente após a Georgian Dream ter obtido a maioria no Parlamento, resultando na primeira transição democrática de poder na história da Geórgia, a Media Georgia, uma empresa detida por Davit Kezerashvili, registada um dia antes, comprou 40% da Rustavi 2 por 500 000 USD e cinco dias depois vendeu as ações a Giorgi Karamanishvili pelo mesmo montante. O Presidente Mikheil Saakashvili referiu-se em tempos a Giorgi Karamanishvili como seu amigo.

Desde novembro de 2012, a Rustavi 2 é propriedade dos irmãos Giorgi e Levan

Karamanishvili - Levan detém 22% diretamente, Giorgi 18% diretamente, detêm outros 51% através da TV Sakartvelo, que é propriedade de Levan (60%) e Giorgi (40%) - sendo os restantes 9% propriedade de Giorgi Gegeshidze.

Durante o governo do MNU, a TV Sakartvelo era um canal com ligações estreitas ao Ministério da Defesa, propriedade de Iago Chocheli, irmão de Tsezar Chocheli, governador de longa data de Mtskheta-Mtianeti até à mudança de governo. Após as eleições, a sua frequência foi adquirida pela Tabula TV.

Desde novembro de 2012, Nika Gvaramia é o diretor da Rustavi 2. Foi Ministro da Educação, Ministro da Justiça e Procurador-Geral Adjunto. Gvaramia foi brevemente detido após as eleições por acusações de corrupção e libertado sob fiança de 30 000 GEL.

Exigiu a restituição da propriedade: Um caso politicamente sensível. O caso de Dvali e Akimidze é politicamente muito sensível: Atualmente, o Rustavi 2 faz uma cobertura noticiosa do governo por vezes mais crítica e fundamentada do que muitos outros meios de comunicação social. Qualquer envolvimento político neste processo judicial seria, por conseguinte, altamente problemático - e percebido internacionalmente como tal. Desde 2004, a propriedade da Rustavi 2 mudou tantas vezes que os actuais proprietários poderão argumentar que adquiriram acções de boa fé. Caberá a um tribunal decidir se os fundadores da Rustavi 2 têm um caso legal legítimo e se e como devem ser compensados - e quem será responsabilizado.

CAPÍTULO 15

Morte de Giorgi Sanaia
Conhecido pivot e jornalista de Rustavi 2

Giorgi Sanaia, um dos principais jornalistas da Rustavi-2 Broadcasting Company, foi encontrado morto com uma arma no seu próprio apartamento ao fim da tarde de 26 de julho de 2001. Pensa-se que o crime terá sido cometido por volta das 5-6 horas da manhã. Os representantes da imprensa reuniram-se na casa dos jornalistas ao fim da tarde. Prepararam um comunicado: "Os jornalistas não foram autorizados a entrar (para ver o cadáver), provavelmente para não verem um procurador ao lado do cadáver e a sorrir" (Vendi Benidze, o procurador-geral adjunto, ao lado do assassinado, apareceu na televisão e estava mesmo a sorrir). Este facto é o resultado lógico da atmosfera de anarquia e impunidade que se criou no país".

Ainda é cedo para fazer quaisquer suposições sobre se o assassínio de Giorgi Sanaia foi ordenado ou não", afirmou Gia Meparishvili, Procurador-Geral. Muitas pessoas reuniram-se à volta do edifício onde Sanaia vivia. Pediam que os responsáveis pela aplicação da lei dissessem a verdade: "Digam-nos o que se passa", "Mataram Giorgi, um homem que dizia sempre a verdade", etc. "Ninguém sabe quem será o próximo sacrifício, nem se o assassino ou assassinos serão apanhados e se a verdade será finalmente descoberta", afirmam os jornalistas.

A oposição parlamentar também considera que o crime foi dirigido contra a democracia e a liberdade de imprensa. Além disso, pensa-se que Sanaia foi morto com o objetivo de ameaçar e assustar os jornalistas. Este facto foi o resultado lógico da atmosfera de anarquia e impunidade que o governo de Shevardnadze criou no país.

Como refere o civil.ge, os meios de comunicação social apoiam esta opinião: "Os meios de comunicação social russos estabeleceram imediatamente um paralelo entre o caso de Giorgi Gongadze, jornalista georgiano que trabalhava na Ucrânia, cuja morte se tornou uma tragédia nacional na Ucrânia, e o de Giorgi Sanaia. As pegadas dos serviços especiais também são notáveis neste caso. O facto em si prejudicou muito a imagem da Geórgia". Giorgi Targamadze, jornalista e antigo deputado (da oposição), anunciou que, como é habitual, este tipo de casos de assassínio nunca é aberto na região pós-soviética.

Diz-se também que Giorgi Sanaia tinha conhecimento de algum tipo de informação, razão pela qual foi morto. Os meios de comunicação social dão ênfase a vários pormenores da investigação: de acordo com as autoridades policiais, existem provas do crime, sobre as quais não falam . Giorgi Sanaia tinha perdido a chave do apartamento onde foi assassinado. O seu telemóvel estava desligado e foi encontrado no seu carro, o que parece suspeito.

Segundo o civil. ge, Tamaz Chumburidze, chefe do departamento de investigação de casos principais, afirmou que o processo-crime de homicídio pré-determinado foi iniciado e que a investigação está sob o controlo do Procurador-Geral Gia Meparishvili. O grupo de investigação é composto por mais de 15 elementos.

"Mais uma vez, tenho a certeza de que os cidadãos não são defendidos na Geórgia e é uma vergonha quando se fala de estabilidade no país", declarou à imprensa Elene Tevdoradze, presidente do Comité de Defesa dos Direitos Humanos. Esta é uma consequência do síndroma da impunidade, que se tornou comum no país, declarou Koba Davitashvili, membro da "União dos Cidadãos" (ala jovem). Davitashvili responsabilizou os serviços de aplicação da lei da Geórgia por este facto.

Grande parte dos jornalistas receava que algumas forças políticas pudessem utilizar o caso do assassínio de Giorgi Sanaia em seu proveito. A reunião pacífica organizada em frente à sede do governo foi um exemplo disso. Jornalistas, membros de organizações não governamentais e cidadãos comuns reuniram-se também em frente à Chancelaria do Estado. Desta forma, os meios de comunicação social da Geórgia expressaram que não vão tolerar a morte de Giorgi Sanaia. Uma parte dos jornalistas fez uma declaração afirmando que estão insatisfeitos com o trabalho do governo e que não confiam nele.

No verão e no outono de 2001, aconteceram algumas coisas envolvendo estudantes, activistas e certos políticos que teriam impacto no curso dos acontecimentos até 2003. Em primeiro lugar, a morte de Giorgi Sanaia foi alvo de suspeitas generalizadas de que se tratava de um assassínio com motivações políticas. Em resposta à sua morte, os estudantes ajudaram a organizar uma enorme manifestação de protesto. Foi a maior manifestação dos últimos 10 anos. Em outubro de 2001, o canal Rustavi 2 foi mais uma vez perseguido pelo governo. (Este mesmo canal tinha sido encerrado em 1996 durante quase um ano devido às suas críticas ao governo). Alegando fraude fiscal, o Ministério da Segurança enviou funcionários aos escritórios do canal para examinar alguns documentos financeiros. Os porta-vozes do canal apelaram aos residentes de Tbilissi para que viessem defender o Rustavi 2, o que muitos fizeram, com uma multidão que oscilou entre os 1000 e os 5 000 espectadores, porque isto foi visto como uma tentativa de limitar a liberdade de expressão.

Segundo o site Civil.ge, o Presidente do Parlamento, Zurab Zhvania, comentou que os responsáveis não esperavam, evidentemente, uma tal fúria popular, mas "quando as pessoas estão tão zangadas por não terem gás e eletricidade, quando a atitude popular em relação às autoridades é tão negativa, era bastante claro quão diferentes e graves seriam as consequências de um ataque a uma empresa de televisão independente". Até Shevardnadze criticou a ação do Ministério da Segurança, considerando-a mal pensada. No dia seguinte, o Ministro da Segurança, Kutateladze, demitiu-se e o Presidente demitiu todo o seu gabinete . Devido à pressão popular, Zhvania demitiu-se também, possivelmente para contrariar as suspeitas de que era motivado por ambição pessoal. Na sua qualidade de Presidente do Parlamento, Zhvania ter-se-ia tornado Presidente interino em caso de demissão de Shevardnadze. O desprezado Ministro do Interior, Kakha Targamadze, também se demitiu. No entanto, os protestos prosseguiram durante o fim de semana, tal como os apelos à demissão de Shevardnadze.

CAPÍTULO 16

Morte do antigo proprietário da Rustavi 2 Erosi Kitsmarishvili

"Quero dizer ao Sr. Ivanishvili que olhe para os meus olhos quando falar sobre Rustavi 2, uma vez que ambos sabemos muitas coisas para revelar que prejudicariam muitas pessoas" - disse Erosi Kitsmarishvili em fevereiro de 2014. Em 10 de maio de 2014, inscreveu-se como candidato ao cargo de Presidente da Câmara de Rustavi pelo partido Our Georgia nas eleições autárquicas recentemente realizadas na Geórgia. Após as eleições autárquicas, em julho de 2014, foi encontrado morto no seu carro, na garagem da sua casa, no centro de Tbilisi.

Erosi Kitsmarishvili foi o fundador da empresa Rustavi 2 TV, da empresa de telecomunicações Georgia Online (atualmente Caucasus Online) e da empresa gestora do canal Maestro TV. Foi editor do jornal georgiano 24 Hours, presidente da Câmara de Comércio e Indústria da Geórgia e embaixador da Geórgia na Rússia. Kitsmarishvili foi também o fundador e secretário político do movimento político Partido Georgiano.

O irmão de Kitsmarishvili, o advogado e o perito passaram 5 horas no gabinete do procurador a ler o material do processo. Depois de saírem do gabinete, disseram ter lido apenas uma parte dos documentos. Zura Kitsmarishvili diz que tem perguntas e espera que estas sejam respondidas pela investigação. O advogado sublinha que demorará uma semana a tomar conhecimento de todo o material que se encontra no gabinete do Procurador.

O Gabinete do Procurador comenta o anúncio feito pela família Kitsmarishvili. O procurador-adjunto negou a informação sobre a divulgação de dados sobre o processo Kitskmarishvili. Irakli Shotadze sublinhou que o Ministério Público não divulgará informações sem consultar a família. "O Ministério Público não divulgou os pormenores do caso. Gostaria de dizer aos familiares de Erosi Kitsmarishvili que não daremos mais nenhum passo sem os consultar. A comunicação com a família da vítima é a prioridade da investigação" - declarou o Sr. Shotadze.

O Comissário sublinhou que o inquérito interrogou dezenas de pessoas.
" Pensamos que em breve chegará o momento em que estes materiais serão apresentados à sociedade", sublinhou Irakli Shotadze.

Cerca de trinta perícias e dezenas de testemunhas em 7 meses - durante este período, o Ministério Público não divulgou qualquer informação sobre as circunstâncias que rodearam a morte de Kitsmarishvili. A família Kitsmarishvili e os seus advogados foram os únicos que tomaram conhecimento do material do caso e do processo de investigação. No entanto, estão insatisfeitos tanto com o resultado como com o ritmo dos trabalhos. Não se sabe ainda quando será finalmente divulgado o resultado da investigação do caso de Erosi Kitsmarishvili. No entanto, o Ministério Público disse à família que isso acontecerá em breve.

A morte de Kitsmarishvili foi também incluída na resolução adoptada ontem pelo Conselho da Europa. A resolução apela ao Ministério Público para que investigue o mais rapidamente possível o caso da morte do fundador do maior meio de comunicação social.

De acordo com o advogado de defesa, a equipa de acusação dispõe de novas informações sobre o assassínio de Erosi Kitsmarishvili, o que poderá levar à reabertura do processo. Segundo o advogado, a acusação descobriu alguns pormenores importantes em resultado de uma atividade de investigação adicional levada a cabo a pedido da família de Kitsmarishvili. Não excluiu a possibilidade de esses pormenores virem a constituir a base da acusação. Há pessoas suspeitas que poderão estar envolvidas na morte de Erosi Kitsmarishvili.

A família de Erosi Kitsmarishvili exige que Bidzina Ivanishvili peça desculpa. Os filhos de Ia Kitsmarishvili e Erosi Kitsmarishvili - Luka, Anna e Tekla Kitsmarishvili - fizeram um comunicado sobre as declarações de Bidzina Ivanishvili. O antigo Primeiro-Ministro acusou Erosi Kitsmarishvili de criar meios de comunicação tendenciosos e pseudo-oposicionistas. "Na nossa opinião, é inaceitável diminuir as realizações de outras pessoas. A contribuição de Erosi Kitsmarishvili foi reconhecida durante a sua vida. O desenvolvimento do Rustavi2 e do Maestro como meios de comunicação social livres e objectivos, que desempenharam um papel crucial na história recente da Geórgia, está ligado ao nome de Kitsmarishvili", lê-se na declaração.

Zura Kitsmarishvili afirma que a investigação encontrou o seu rasto devido às suas acções e a algumas circunstâncias. Foi interrogado várias vezes. Nesta fase, a investigação tenta descobrir se existe alguma relação entre a morte de Kitsmatishvili e as acções do suspeito. O suspeito encontrava-se no território da casa de Kitsmarishvili no dia do assassínio. O Ministério Público não publicou quaisquer pormenores.

Antes da sua morte, Erosi Kitsmarishvili, um dos fundadores da Rustavi 2, disse a outro fundador, Pikria Chikhradze, que no processo de luta pela estação de televisão, "ele só poderia ser ignorado se não fosse morto". Chikhradze afirmou que o antigo diretor da televisão tinha os seus planos relacionados com a devolução das suas acções e estava convencido de que a ação judicial contra a Rustavi 2 não poderia ser iniciada sem ele .

Eliso Kiladze afirma que existe uma ligação direta entre a morte de Kitsmarishvili e Kibar

Processo judicial de Khalvashi contra a Rustavi 2. O editor do ChroniclePlus está convencido de que o antigo diretor da empresa de radiodifusão foi assassinado e que o processo judicial ajudará a identificar o assassino. Kibar Khalvashi comentou as suas relações com Erosi Kitsmarishvili e afirmou que o empresário nem sempre dizia a verdade. De acordo com Khalvashi, Kitsmarishvili costumava mudar as suas declarações consoante a situação. "Os membros da família de Erosi Kitsmarishvili não me contactaram. Tanto quanto sei, eles têm posições diferentes", disse Kibar Khalvashi.

O Departamento de Estado norte-americano divulgou hoje os relatórios nacionais sobre as práticas de direitos humanos relativos a 2015. A recente situação política da Geórgia, as regiões ocupadas e o caso Rustavi 2 são as principais orientações do relatório. O documento centra-se na liberdade de expressão e na evolução do caso Rustavi 2.

Este facto não foi inesperado pelos investigadores dos meios de comunicação social. '" Foram manifestadas preocupações quanto à interferência do governo na estação de televisão mais vista do país, a Rustavi 2, e quanto à independência judicial. A Rustavi 2 alegou o envolvimento do governo na decisão de 5 de agosto de um juiz de Tbilisi de congelar os bens e as acções da empresa até à resolução de uma ação judicial intentada por um dos seus anteriores proprietários" - lê-se no relatório.

Erosi Kitsmarishvili também é mencionado. "A disputa sobre a propriedade da Rustavi-2 voltou a centrar as atenções na morte, em julho de 2014, de um dos fundadores da televisão Rustavi 2, Erosi Kitsmarishvili. Embora a investigação, que continuava em curso, tenha tratado a morte como suicídio, os familiares de Kitsmarishvili questionaram esta hipótese de trabalho, observando que Kitsmarishvili era um dos poucos indivíduos que conhecia a história detalhada da propriedade do meio de comunicação social. "O documento diz o seguinte.

De acordo com a investigação, no caso em apreço, os elementos de prova e a análise lógica demonstram que Kitsmarishvili se suicidou, uma vez que, devido a circunstâncias particulares, era impossível que o homicídio fosse cometido por outra pessoa. Foi tomada a decisão de interromper a investigação do caso. Esta declaração, feita na reunião de hoje, foi proferida pelo irmão de Erosi Kitsmarishvili, Zura Kitsmarishvili. Excluiu categoricamente a hipótese de suicídio e afirmou que Erosi Kitsmarishvili foi assassinado. Segundo ele, o motivo pessoal e a vingança foram excluídos como razão para o assassínio. Zura Kitsmarishvili considera que o motivo do assassínio pode estar relacionado com interesses políticos ou mediáticos.

"Isto deve estar relacionado com a recente ativação da sua vida na direção dos meios de comunicação social e da política. Em princípio, estes dois factores foram provavelmente combinados entre si. É claro que excluo a possibilidade de motivos pessoais, vingança, interesses comerciais, etc. "Disse Zura Kitsmarishvili. Falou sobre os planos que Erosi Kitsmarishvili tinha antes de morrer. Segundo Kitsmarishvili, Erosi tencionava ter o seu próprio estúdio e tencionava também cooperar com a Rustavi 2 TV.

Os deputados reagiram à declaração do Gabinete do Procurador-Geral sobre o caso Kitsmarishvili, na qual o Gabinete exprime as críticas à família do empresário. Os Democratas Livres consideram que a maioria do público não confia nas declarações feitas pelo gabinete de Shotadze.

Shalva Shavgulidze estabeleceu uma relação entre a morte de Kitsmarishvili e os processos em torno de Rustavi2.
"Só depois de Kitsmarishvili ter morrido em circunstâncias suspeitas é que Kibar Khalvashi reivindicou a posse de Rustavi 2. Isto leva-nos a pensar que isto foi feito por uma mão e que essa mão é presumivelmente o governo, uma vez que o governo está ansioso por se apoderar de Rustavi 2 para se livrar do antigo proprietário ativo e descontrolado", - disse Shalva Shavgulidze.

Roman Gotsiridze, deputado da UNM, "Com a sua vida, Erosi [Kitsmarishvili] criou Rustavi 2 e com a sua morte salvou-a! Se foi morto, se se suicidou ou se foi vítima de uma bala perdida - todas estas três teorias terão os seus seguidores e nunca chegarão a acordo sobre uma teoria, tal como aconteceu em todos os acidentes trágicos anteriores.
O governo cometeu um erro crasso quando começou a criar uma teia de intrigas em torno da empresa de televisão Rustavi 2. O anterior governo pôs um ponto final em si próprio no dia em que invadiu a empresa Imedi TV. O resto era uma questão de tempo. A Rustavi 2 viria a ser uma das coveiras do atual governo. A morte de Erosi salvou não só a Rustavi 2, mas também o governo. Claro, se o atual governo tiver juízo suficiente! "

Revisão da literatura

1. IREX, Índice de Sustentabilidade dos Media, www.irex.org ,2016
2. www.rustavi2.com
3. www.civil.ge
4. www.transparency.ge
5. www.gyla.ge
6. www.tabula.ge
7. The TV Station of "Victorious People": The Story ofRustavi 2, Transparência Internacional-Geórgia, 2014
8. Mass Media and American Politics, D. Graber, J. Dunaway, 2014
9. Reporting That Matters, J. Irby, K. Bird, 2009
10. "The Curious Case of Rustavi-2: Protecting Media Freedom and the Rule of Law in Georgia", C. Welt, www.ponarseuroasia.org, 2015
11. O caso Rustavi2 da Geórgia: Was Justice Served?, G. Lomsadze, www.euroasianet.org, 2015
12. Georgia Tries to Blackmail Its Top TV Station With KGB Tactics-and Loses the Fight, Anna Nemtsova, https://www.thedailybeast.com/georgia-tries-to-blackmail-its-top-tv-station-with- kgb-tacticsand-loses-the-fight
13. Declaração das ONG sobre a situação em torno de Rustavi 2, www.grass.org.ge, 2015
14. Declaração sobre o caso de Rustavi 2, www.transparency.ge, 2016
15. Rustavi 2 perde processo judicial, propriedade transferida, www.dfwatch.net, 2015
16. O curioso caso do Rustavi-2 da Geórgia, C. Welt, www.opendemocracy.net, 2015
17. Human Right Watch, relatório sobre a Geórgia, 2015
18. Declaração da Coligação para a Defesa dos Meios de Comunicação Social sobre o Processo Rustavi 2, www.osgf.ge, 2016
19. Discussão na Geórgia sobre o canal de televisão Rustavi 2, www.bbc.com, 2015
20. Declarações do Departamento de Estado dos EUA, http://georgia.usembassy.gov , 2015-2016
21. Geórgia, nações em trânsito, www.freedomhouse.org ,2016
22. Declaração da redação da Rustavi 2, www.rustavi2.com, 2015
23. A História de Rustavi 2, www.media.ge , 2015-2016
24. Tribunal da Geórgia ordena mudança de proprietário na emissora independente, M.Antidze, www.reuters.com ,2015
25. Tensões aumentam em meio a protestos sobre liberdade de imprensa na Geórgia, www.rferl.org, 2016

26. A independência dos meios de comunicação social deve ser respeitada, afirma o Representante da OSCE na sequência da decisão do tribunal sobre a Rustavi 2 TV na Geórgia, www.osce.org, 2015
27. O sonho mau da Geórgia: Government Failing PR Class, J.larsen, www.intpolicydigest.org ,2015
28. O rumo pró-ocidental da Geórgia está em risco? B. Kristan, http://www.neweastemeurope.eu, 2015
29. Governo da Geórgia acusado de sabotar estação de televisão independente, EU Reporter Correspondent, https://www.eureporter.co, 2015
30. Tribunal ordena mudança de propriedade na estação de TV da Geórgia, www.voanews.com , 2015
31. NDI: Public Attitudes in Georgia, novembro de 2015, http://caucasusbarometer.org, 2015

29. Lederman on Georgia's Rustavi 2 Controversy, www.atlanticcouncil.org, 2015

30. Democracy and Authoritarianism in the Post communist World, pg 163

31. Instituto Republicano Internacional (IRI), inquérito sobre a opinião pública na Geórgia, fevereiro-março de 2017
http://www.iri.org/sites/default/files/iri poll presentation georgia 2017.03-general.pdf

32. Instituto Nacional Democrático (NDI),
https://www.ndi.org/sites/default/files/NDI%20poll junho 2017 Political ENG final%20 %281%29.pdf

Printed by Books on Demand GmbH, Norderstedt / Germany